T0279522

pensar/comer

Salto de fondo

Valeria Campos Salvaterra

pensar/comer

Una aproximación filosófica
a la alimentación

herder

Diseño de portada: Toni Cabré

© 2023, *Valeria Campos Salvaterra*
© 2023, *Herder Editorial, S.L., Barcelona*

ISBN: 978-84-254-5068-6

Cualquier forma de reproducción, distribución, comunicación pública o transformación de esta obra solo puede ser realizada con la autorización de sus titulares, salvo excepción prevista por la ley. Diríjase a CEDRO (Centro de Derechos Reprográficos) si necesita reproducir algún fragmento de esta obra (www.conlicencia.com).

Imprenta: Qpprint
Depósito legal: B-16.477-2023
Printed in Spain - Impreso en España

herder

ÍNDICE

A Rina, madre nutricia ayer, hoy y siempre

INTRODUCCIÓN. DIARIOS DE LA CARNE
(QUE COME Y ES COMIDA)

2020, septiembre

En plena pandemia de COVID-19 y aún sin vacunas, me contagié del virus. No hubo grandes padecimientos, solo síntomas cercanos al resfriado común, con impecable ausencia de fiebre. Sin demasiadas modificaciones en la vida cotidiana, dos semanas después ya estaba con la salud restablecida. Sin embargo, sucedió algo inesperado. Algo incalculable, hasta oscuro, fuera de todo horizonte de sentido, y para cuya descripción aún no tengo suficientes palabras: perdí los sentidos del gusto y del olfato. Nunca pensé que viviría para experimentar la comida, pilar fundamental de mi existencia, solo mediante sensaciones táctiles. Me acerqué perceptivamente al fenómeno mediante una analogía textil: la comida se volvió *trapo,* pues todo lo que ponía en mi boca se sentía como un pedazo de tela, sin sabor. Como es sabido, gusto y olfato se nombran como sentidos distintos, pero en realidad no lo son. El primero parece referir casi exclusivamente a las sensaciones gustativas que penetran por las papilas de la lengua, mientras que el segundo se sitúa en la nariz. Pero nuestro rostro es mucho más complejo que eso; no tiene, verdaderamente, «partes» separadas unas de otras. Más cierto es esto respecto de la relación buconasal: dos sentidos externos, dos puertas de entrada a nuestro organismo, unidas por túneles sinuosos y tubos funcionales, que solo se separan en el nudo que es nuestra garganta. Por eso, cuando gustamos,

11

realmente no lo hacemos nunca sin el olfato, y viceversa: es lo que permite describir olores con metáforas gustativas y sabores con metáforas odoríficas —o, más bien, lo que excluye otras posibilidades de nombrar—. Ningún alimento que pongamos en nuestra boca tendrá realmente un gusto acabado si no obtenemos sus aromas «desde dentro», y si a esta sensación le agregamos las impresiones táctiles de temperatura y textura, tenemos entonces lo que llamamos sensación gustativa completa. El gusto, entonces, no está solo en la lengua.

Había experimentado antes, ciertamente, la falta de olfato, cuestión bastante común en temporadas de gripe y congestión nasal. Sin embargo, nunca había perdido la capacidad de percibir y distinguir sabores. Fue un acontecimiento para mí, en el mal y en el buen sentido de la palabra. Sin duda, comenzó como una situación espantosa: con estupor llevaba alimentos a mi boca para descubrir que nada había ahí de lo que había experimentado antes, toda mi vida, tres veces al día. Ningún color, ninguna tonalidad, ninguna destellante y seductora diferencia. Lo viví como un verdadero apocalipsis —no sin algo de drama extra, por mi situación de amante del comer—. Mi experiencia del mundo parecía abismarse sobre sus confines, pues ¿qué sería de mí, una persona que ha dedicado ya más de una década a pensar rigurosamente sobre el sentido del comer —y sobre el comer como posibilidad de sentido— sin capacidad de degustar los alimentos? ¿Qué sería de alguien que, en medio de los iluminadores despertares de sus investigaciones, había ya puesto parte importante del valor estético del mundo entero en la experiencia sensorial que acompaña la ingesta de comida? ¿Qué sería de quien genuinamente cree que la felicidad no se nos esconde por trascendente, sino por excesivamente cotidiana? Pensé que mi vida como pensadora de la alimentación había terminado, que todas mis experimentaciones gustativas, las que hago yo conmigo misma, las que induzco a hacer a otros

—a mis estudiantes, por ejemplo—, las que admiro de tantos cocineros y cocineras que cambian todos los días el mundo cocinando, habrían de ser, desde ese momento en adelante, solo un documento que se archiva. El buen sentido de este acontecimiento es, como sucede probablemente con toda crisis inesperada, su capacidad de desestabilizar y motivar el pensamiento. Mi primera reflexión, hipercrítica, fue acusar el alto grado de insignificancia cultural que tiene el sentido del gusto. Si el COVID-19 nos dejara ciegos, pensaba, sería un escándalo de proporciones. Toda una hueste de políticas públicas, decretos jurídicos y, ciertamente, todos los investigadores de la ciencia médica del planeta se movilizarían para encontrar una cura —o acaso una farmacología preventiva—. Pero si se trataba del gusto, el menos apreciado y el más denostado de los sentidos en Occidente, nadie hacía nada. Pero tampoco nadie decía nada: esperé y esperé para ver reacciones críticas como las mías en la prensa, las redes sociales, los programas de televisión. Y nada. Nadie dijo nada. Ni siquiera yo en ese momento.

La segunda etapa de mi reflexión consistió en articular una tesis, que ya estaba entramada con estudios de largo aliento sobre filosofía de la alimentación. Tenía que ver con esa jerarquía de los sentidos recién referida, y con la negación cultural general —esto incluye la negación epistémica— de hacer del gusto un sentido *común:* que logre propiciar espacios de intercambio público o esferas de saber objetivas. Es cierto que la explosión de los programas televisivos sobre cocina, cultura y experiencias gustativas ha sido crucial para entender nuestra relación con el alimento de manera diferente y más fructífera para nosotros mismos. Es cierto que la profesionalización de la cocina como disciplina científico-técnica desde comienzos del siglo XX ha hecho de la restauración un espacio genuinamente público, pues es en los restaurantes donde se comercian y se deciden muchas de nuestras preocupaciones mundanas —de las más banales hasta las más trascendentes—. Sin embargo, hay algo en la experiencia de comer, en la práctica cotidiana de ingerir alimentos, que sigue siendo para nosotros una actividad menor, que asociamos con el placer, mas no con la felicidad; con la convivialidad, pero no con la política; con la experiencia, mas no con la ciencia y, difícilmente incluso hasta ahora, con el arte. Comer, aunque los golosos —o *gourmands*— del mundo se unan, es aún una actividad demasiado cotidiana, del ámbito de la *solicitud ocupada* —por usar palabras de Heidegger— que enriquece nuestras vidas pero no las decide en su sentido profundo.

Esto último ha sido especialmente cierto en el caso de la filosofía. La filosofía, en efecto, nunca se ha hecho cargo de la alimentación como un tema suyo, que forme parte del ámbito de las cuestiones que originariamente le preocupan —o que deberían preocuparle—. Durante los primeros años de mis investigaciones —período cuyos resultados conforman este libro—, me asombraba que al buscar «filosofías del comer» la respuesta de los textos era tanto silencio como negación. El primer capítulo de este libro describe el recorrido de mi propia pesquisa tras la utopía filosófica del comer. Nunca encontré, sin embargo, esa *cofralandes* filosófica —como le llaman en el folklore chileno al imaginario del campesino pobre que sueña con la riqueza de una ciudad hecha toda de comida—.[1] Toda

---

1 Le invito a usted —lector, lectora— a revisar y escuchar el famoso *Verso por ponderación* de la folklorista chilena Violeta Parra. Ahí se dispone de la manera más explícita la utopía de cofralandes. También, rescatamos lo que dice la antropóloga chilena Sonia Montecino, sobre este mito: «En medio de la selva de Nahuelbuta, hay una ciudad donde las personas viven sin trabajar y tienen a su mano abundante y exquisita alimentación, los árboles producen ropa y zapatos. Las paredes de las casas de esa ciudad son de queso, las vigas de pasta de azúcar y los postes de caramelo. Los techos son de tejas de sopaipillas, y cada mañana, antes del amanecer, cae sobre la ciudad una fría lluvia de miel de peras que da sabor a los techos. Los vergeles producen ensaladas preparadas y hay toda clase de alimentos como el "causeo" de

una *antifilosofía de la ingesta* es, así, el lado explícito de dicha negación u ocultación. Ni Platón, ni Aristóteles, ni siquiera los hedonistas que los refutaron, pero tampoco los teóricos modernos del gusto que los superaron; sorpresivamente, tampoco los primeros gastrónomos, ni los vanguardistas antropólogos culturales se han hecho cargo del comer en su sentido más rotundo. Es decir, en su sentido más material, más «óntico», más contingente, más vulgarmente maravilloso. Ningún teórico del cambiante campo de las humanidades lo ha hecho. Y si bien podríamos citar un no tan pequeño estado de la cuestión, proveniente de los llamados *food studies,* se trata de un saber aún incipiente, todavía lejos de conseguir el estatuto epistémico de un campo científico. Esta era la potente conclusión rabiosa a la que llegaba con mis estudios, la misma que se acentuó cada uno de esos 14 días de COVID-19 en 2020. Fue en ese momento específico cuando la urgencia de este libro, ya pasado respecto de mis investigaciones más actuales, se volvió evidente.

2015-2017

El acontecimiento de la pérdida del gusto me transportó inevitablemente a cotidianas escenas pasadas: Jamie Oliver —como

---

patas, cebolla y ají. Las vacas dan chocolate y ponche en leche, mientras las cotorras cantan cuecas. Atraviesa la ciudad un río de aguardiente de Chillán, que se junta con otro de agua hervida que pasa por sitios donde crece el culén y que al caer por una manguera se enfría instantáneamente produciendo el "ponche en culén". También hay pozos de cerveza y vertientes de "chuflay" (mezcla de una bebida gaseosa dulce con una alcohólica). Asimismo hay vinos de río tinto y blanco. Las escopetas derriban a los pájaros escabechados. Los chanchos andan cocidos, con los platos en el lomo y se ofrecen para ser comidos. En esa ciudad cada vez que alguien come algo o extrae una cosa, manos invisibles lo reponen de inmediato». S. Montecino, *La olla deleitosa. Cocinas mestizas de Chile,* Santiago de Chile, Catalonia, 2005, p. 7.

ejemplo paradigmático— buscando el repudio de los escolares británicos por los *nuggets* de pollo mediante un razonamiento científico: su experimento de mostrar el paso a paso de la confección de un *nugget* era su caballo de batalla, lamentablemente fallido. Luego de mostrar en vivo y en directo a los jóvenes la bajeza material, estética, ética y política de fabricar un alimento con los más denigrantes restos de un cadáver de pollo, y tras muecas, retorcidos movimientos y sonidos corporales de los niños frente a semejante escena de asco, el resultado no puede dejar de sorprendernos: los niños seguían amando los *nuggets* de pollo. El experimento se repitió en Estados Unidos, con exactamente el mismo resultado. Primera conclusión apresurada, pero probablemente cierta: en cuestiones de comida, poca injerencia efectiva tiene la razón pura; es más, puede que hasta sea perjudicial dejar todo el peso de las decisiones alimentarias a su arbitrio. Segunda conclusión apresurada y, al igual que la hipótesis de Jamie Oliver, fallida: tratándose de alimentación, gusto mediante, el camino a una decisión correcta no es un procedimiento racional, sino una experiencia estética. Pues ya había tenido la penosa oportunidad de presenciar en otros educadores el frustrado intento de hacer razonar a los niños con el fin de hacer valer su autonomía alimentaria —me refiero a fatales escenas de nutricionistas y pediatras explicando críticamente el impacto negativo de la industria alimentaria a niños que solo lograban aburrirse—. Decidí, con aguerrida convicción, que debía llevar a cabo, formalmente, el mismo experimento de Jamie Oliver, pero tenía que hacerlo variar materialmente. Con estudiantes de escuelas primarias y secundarias —un lugar que desde temprano he habitado como profesora— hice el siguiente experimento: les presenté dos barras de chocolate, una hecha de manteca de cacao y la otra de sucedáneos —grasa hidrogenada con saborizantes y colorantes artificiales—. A pesar de que ambas barras tienen propiedades organolépticas por completo

16

diferentes, y es relativamente poco problemático decir que una es más sabrosa que la otra —pues mientras la manteca de cacao corre suave por la boca y genera un intenso sabor a lo que llamamos propiamente «chocolate», la otra se pega en el paladar y los dientes: es un cubo de manteca con sabor solo referencial—, a pesar de este juicio, decía, con el que seguro el 100 % de los lectores de este libro concordaría, el resultado fue el opuesto. Los niños reconocían las diferencias organolépticas con mucha claridad, pero decían preferir el chocolate sucedáneo. Desolada quedé ante tremenda respuesta, la que suponía no debía darse, pues el mito de la razón transformadora había sido puesto entre paréntesis. La estética del comer también ya adolecía de un desajuste de base, que no podíamos solo atribuir a las imperfectas facultades del sujeto. ¿A quién entonces? Probablemente la respuesta simplificada sea aquí la mejor respuesta posible: a los hábitos que, ya por generaciones, ha inculcado en los niños el capitalismo alimentario.

Sin embargo, la crisis de la industria alimentaria —hoy, uno de los complejos económicos transnacionales más grandes y concentrados del mundo— también tiene otro origen remoto, que nos devuelve a nuestra primera tesis *rabiosa*. No hablar ni reflexiva ni críticamente del comer, no haber hecho de la alimentación un campo filosófico —tal como se ha hecho extensivamente del pensar— es también un problema de base. Porque nuestro delirio gustativo por los alimentos que se producen de las formas más ético-políticamente cuestionables —desde un maíz transgénico hasta una hamburguesa en serie— está basado en aquello que Aristóteles describió como una poderosa *segunda naturaleza*: el hábito. Tan poderoso como si se tratara de un condicionamiento biológico, el hábito es el verdadero escollo de la reflexión alimentaria e, incluso —según mi experimento— de la sensación. Porque esa relación inmediata, pasiva y preintelectual que tenemos con el mundo mediante nuestros sentidos es también una relación crítica: que discierne, que permite la decisión y el juicio, sin arrojarlo a la oscuridad del sinsentido. Nuestros sentidos también permiten enjuiciar y decidir, no solo la razón. Por ello, no es la sensación la enemiga de la razón en el caso alimentario; el enemigo real es el hábito selectivo que ha sido determinado *sin* nosotros: sin razón, pero también sin sensación. A ese hábito ya naturalizado y del que cuesta tanto desligarse debe hacerle frente una reflexión en la que confluyan razón y pasión; no ya como términos en conflicto, sino como aliados estratégicos. Muchas de las afirmaciones contenidas en este libro son un aporte teórico para proyectar —entre muchas otras acciones políticas— una genuina y sólida educación gustativa para nuestros niños.

2018-2019

Esto también me recuerda que, por algunos semestres, me dediqué a enseñar a Kant de manera sostenida. Mi atracción estaba puesta, y aún lo está, principalmente en sus escritos sobre la moral. Al igual que la filosofía de Platón, me sorprendía de Kant su explicación del origen de los problemas morales —y probablemente también la existencia de la moralidad misma— mediante la idea del conflicto motivacional: el ser humano, compuesto de razón y pasión, está destinado a vivir cotidianamente entre guerras intestinas. Cada vez que debemos tomar una decisión moral, razón y sentimiento se disputan violentamente la posibilidad de ser fundamentos determinantes de la voluntad que desea. Es quizás la experiencia de este conflicto interno la *ratio cognoscendi* última de todo el fenómeno moral, pues, ¿qué puede hablar más claramente de la existencia práctica de una ley moral que la interrupción de nuestro interés pasional por un mandato? Para Kant, solo la victoria de la razón sobre las pretensiones determinantes de la voluntad que provienen del sentimiento puede generar una acción por deber. Más allá de si Kant excluyó con o sin fundamento sólido al interés sensible de los juicios morales, lo que saltó ante mis ojos fue la imposibilidad de sostener semejante estructura de juicio para las decisiones morales en materia de alimentación. Pues, ciertamente, ningún tema como la comida requiere de una *confluencia,* incluso de una *codependencia,* entre razón y sentimiento, entre intelecto y sensibilidad. Una ética de la alimentación solo podría construirse en base a juicios hipotéticos, pues el interés de la sensibilidad está en el centro de la reflexión moral sobre el comer. Comer desinteresadamente es una contradicción y una causa potencial de las más profundas heridas psicológicas. Intentar hipernormativizar en términos racionales nuestras decisiones alimentarias es, sin duda, una práctica que puede tener temibles consecuencias. Lo comprendí pronto, frente al clásico aunque innecesario —hoy lo entiendo— sentimiento de culpa que generan ciertas conductas cotidianas en relación con los alimentos: sin duda, es preciso intentar reducir la explotación animal y el sufrimiento que produce la industria ganadera; lo mismo se puede decir de la agroindustria y la constante destrucción de ecosistemas que genera; pero, en realidad, casi el 90 % de la comida que ingerimos a diario —aunque sea totalmente sintética— es producida de modo problemático y genera consecuencias irreversibles para todos los seres vivos, desde el suelo, las semillas, los biomas, los animales, las culturas, hasta nuestros propios cuerpos. Toda la bibliografía que se ha escrito y se sigue escribiendo con el fin de hacernos cambiar nuestras motivaciones alimentarias es necesaria y generosa. Sin embargo, al igual que en el *caso nuggets,* nunca razonamientos puros lograrán determinar completamente y sin mella nuestros deseos comestibles. Sencillamente, porque nunca el interés sensible o estético ha sido tan importante o ha tenido tanto peso como cuando se trata de tomar decisiones sobre cómo comemos.

Lo que este libro debería poner de manifiesto, entre otras cosas, es justamente esa oportunidad para la filosofía: la posibilidad de hacer de un juicio inevitablemente interesado el modelo de una decisión práctica correcta —pero también de toda decisión teórica en este campo—. Una posibilidad que, en cualquier caso, la filosofía siempre ha iniciado de alguna manera.

Al mismo tiempo que en mis investigaciones llegaba a la rabiosa conclusión de que no hay —nunca ha habido— lugar para el comer en la filosofía, otra arista del asunto pasó del trasfondo al proscenio: realmente, y esto es algo que todos los estudiosos de la filosofía conocen muy bien, la comida siempre ha tenido un lugar en el discurso filosófico, y hasta en la misma lógica de la filosofía: plena de metáforas, la filosofía ha hecho del comer, en todas sus formas y momentos, una de las analogías más usadas para referir a los temas que, supuestamente, sí le pertenecen de derecho. Devorar un libro, digerir un argumento, disfrutar de un banquete de palabras; alimentarse —o disgustarse— de cosas que no son en principio comestibles, como las obras de arte, los discursos, incluso los otros: los demás con quienes hacemos comunidad, no importa si son humanos o de otras especies —incluso especies técnicas—. La filosofía de todos los tiempos se ha expresado mediante metáforas alimentarias, hasta caníbales, y eso forma parte no solo de sus momentos temáticos, sino de su metodología más profunda. Sin querer todavía explorar aquí la función trascendental que la filosofía le ha dado a las figuraciones alimentarias —acaso tema de un siguiente libro—, este recorrido por la historia del pensamiento no pudo sino encallar ahí: en los tropos, figuras y desplazamientos con los que el lenguaje de la teoría —y no ya solo de la filosofía— se explica a sí mismo y a sus propios objetos.

En el segundo capítulo de este libro, *Ontologías del comer,* hago el recorrido por el tropo de función transcendental más ubicuo de las ciencias humanas, a saber: el principio de incorporación. De larga data, se trata de una suerte de norma discursiva que permite explicar un determinado campo a partir de las relaciones que tiene con otros, muy diversos, mediante una relación analógica con el movimiento incorporativo propio del comer. *Dime lo que comes y te diré quién eres; el hombre es lo que come; somos lo que comemos:* he aquí las fórmulas más extendidas con las que dicho principio se vuelve inteligible. Entendemos, en primera instancia, que con esto nos referimos a la transformación biológica que ocurre en nuestro organismo cada vez que comemos, transformación que lo va constituyendo como el cuerpo que *de hecho es* a lo largo del tiempo. Sin embargo, esta lógica de la identificación por recursividad, es decir, esta lógica que constituye nuestra capacidad de hablar *de* y *con* nosotros *mismos* —como performativamente ocurre en estas fluidas confesiones que usted está leyendo— ha franqueado, sin duda, los límites de la biología. Podemos, por virtud de esta transgresión originaria, decir que *somos éticamente* lo que comemos, pero también *social, cultural* y *psicológicamente,* hasta que *somos ontológicamente lo que comemos.* Pues si la idea de la autoconstitución por incorporación de lo externo es cierta, debemos tomarla como una *estructura existencial,* más que como un proceso acotado a una esfera específica de lo que *somos.* Y si esto es así, el comer deja de ser un tema parasitario, objeto de una parafilosofía: se vuelve, entonces, central en el pensar mismo, incluso bajo la forma concomitante de un discurso metafórico.

2020, diciembre

Otras de las grandes sorpresas que me trajo el COVID-19 fue la repentina suspensión de lo que podemos llamar «cocina pública». Me refiero a todas las formas de cocinar y comer que se dan en espacios de publicidad: desde la posibilidad de compartir una cena en un lugar no totalmente privado, hasta la cocina que se realiza únicamente gracias a la existencia de lo público, como los restaurantes, las forma de comida callejera y de hospitalidad abierta. Recuerdo cómo me afectaron, en plena pandemia y con el gusto deprimido, las declaraciones del cultor y restaurador gastronómico chileno Marcelo Cicali. Cicali aseguró en una entrevista televisiva que uno de los más graves problemas de las cuarentenas era justamente el cierre del espacio público alimentario. Pues una buena parte de lo que llamamos socialidad se da en espacios de comensalidad; en restaurantes celebramos fechas importantes, hacemos reuniones de negocios, cerramos contratos y hasta hablamos de política. Comiendo hacemos nuestra vida social, y es muy difícil establecer relaciones profundas con gente que no ha compartido nuestra mesa. La falta de restaurantes produce un empobrecimiento de nuestras propias relaciones públicas y políticas —era la tesis de Cicali; y, desde entonces hasta hoy, me parece una tesis absolutamente sostenible.

Pues lo cierto es que, de las digestiones metafóricas del saber a los simbolismos del canibalismo ritual, hasta el trabajo de duelo en el psicoanálisis y la liturgia de la eucaristía en la teología cristiana, encontramos momentos de alta carga trascendental de la figuración alimentaria de la comensalidad. Los sistemas categoriales y argumentativos que dichos momentos de metaforicidad estructural han generado son más de los que Occidente puede ya esconder en la cripta de su inconsciente intelectual. Los esquematicé y enlacé para sacar a la luz una última tesis, tan polémica como productiva. El lazo entre el comer juntos y el vivir juntos es el núcleo del último capítulo *Comunidad y comensalidad*. Allí aposté, en la línea de Cicali, a que lo común de la comunidad no solo se da por ciertas prácticas de convivialidad, sino sobre todo por ciertas *lógicas* del comer juntos. «No se bebe vino con un enemigo», dice Hegel, y de esta sola afirmación podemos extraer el núcleo duro del argumento: quizás no hay forma de vínculo social y afectivo más fuerte y decisivo que el compartir alimentos. No quisiera solo decir que existe un set de normas que prefiguran la comunidad y que permiten crearla y recrearla cada vez que hay una mesa a la que sentarnos juntos —las famosas «maneras de mesa» que describía Lévi-Strauss—, sino que también existe una *lógica,* una arquitectura del discurso, una cierta estructura del *logos* de la comunidad que la arrastra retrospectivamente hasta escenas de banquetes originarios, archifestines que condicionan el sentido profundo del modo de construcción del ser/estar en común.

Pero pensar que la comida compartida —e incluso el *comerse al otro* en dicho convite— puede ser la lógica última del sentido de la comunidad, trae serias consecuencias para el mismo pensamiento de lo común. Al igual que los coletazos que sufre la identidad cuando se ata al principio de incorporación, la comunidad de lo común tampoco queda indemne cuando se liga a la comensalidad. Pues comer es traspasar fronteras, transgredirlas incluso sin pasaporte y, con ello, es también transformación del espacio que solemos llamar «interior». Si bien es evidente que la comida que comemos, una vez incorporada, se «destruye» —y así lo pensaron muchos filósofos de la comensalidad, incluido el mismo Hegel— para adoptar por completo la forma del comensal, así también el que come sufre una serie de transformaciones cada vez que incorpora algo ajeno a su propio cuerpo. La que yo era ya es otra, soy yo misma convertida en otra, una alteración de mí misma que, como es sabido, es la única posibilidad de que yo sea un *yo,* es decir, la única manera de que yo sea un otro para mí misma. La única posibilidad de aquello que nosotros llamamos identidad o *ipseidad,* mismidad en suma, es que yo incorpore algo extraño que me permita alterarme, dividirme, quebrarme en más de una, para así poder ser alguien más para mí misma. La comida no solo provoca eso todos los días en nuestro cuerpo, sino que, tomada en su función figurativa transcategorial, también lo provoca en nuestra conciencia y en el relato que creamos para nosotros mismos y para los demás. Comer es el proceso más cotidiano y radical, tanto de desestabilización de límites como de alteración de los espacios identitarios. Si la comunidad, entonces, puede pensarse desde la lógica de la comensalidad —del comer con y a otros— entonces eso que llamamos «lo común» nunca se produce por identificación. Como diría quizás el antropólogo brasileño Eduardo Viveiros de Castro, es la diferencia, es la *equivocidad* en la construcción de lo común su misma condición.[2] Lo que es absolutamente idéntico no puede formar una comunidad con nada porque, o está aislado en su *ipseidad* totalizante, o es tan profundamente idéntico a todo lo demás que la categoría de comunidad ya no tendría sentido. No se dice que son comunes de cosas que son exactamente iguales, pues entonces no hay un otro para formar comunidad, quedando solo la identidad de lo único. La noción de comunidad agrupa, une por definición a los diversos; ese es justamente el desafío del pensamiento de la comunidad. Las múltiples formas que pueden adquirir las analogías alimentarias nos permiten hablar de lo común de una manera que no subsume lo singular a lo universal de géneros y especies lógicas; la analogía, sobre todo la incorporativa, vincula, comunica de modo distinto —y mejor.

2023, marzo

pensar/comer ha sido el nombre escogido para este libro. Puede leerse fluidamente como *pensarcomer,* ya que el signo gráfico intermedio —el *slash*— solo está ahí para ser leído, mas no dicho.

---

2 E. Viveiros de Castro, *Metafísicas caníbales,* Buenos Aires, Katz, 2010.

La decisión se inspira en un movimiento del filósofo argelino-francés Jacques Derrida, quien notó que toda preposición o cópula entre palabras determina por completo su conjunción, saturándola y clausurándola a nuevas configuraciones. Decidirse por pensar *y* comer, o por pensar *en* comer, pensar *o* comer, pensar *es* comer, entre muchas otras posibilidades de vínculo, cerraría su lectura de manera apresurada. Pues no se trata de temas separados que aquí se juntan, o que se excluyen, o que se complementan y predican el uno del otro; pero tampoco se trata de la ausencia total de conexión. Se trata, más bien, de todas aquellas posibilidades *a la vez:* de dos palabras que parecen —y son— muy diferentes, pero que permiten múltiples posibilidades de relación. Usar un signo gráfico silencioso, que para nosotros indica tanto diferencia como cercanía, abre oportunidades de reflexión para cada uno de los términos y para su extraña y maravillosa puesta en común. El cómo se entienda ese intersticio entre pensar/comer depende de *cada lectura;* del *tiempo* del *texto,* de ese complejo entramado que es la escritura.

Estas son las líneas generales y las apuestas de este trabajo. Que esta introducción haya tomado la forma de un diario de vida, de una biografía o de una confesión incluso, es algo que debemos entender en la inmanencia de este mismo proyecto, que nace con este volumen, pero aún tiene mucho que mostrar. Siempre se nos cruza en las formas de la autobiografía el aludido problema de la *ipseidad,* problema que Derrida sabiamente conecta con el de la soberanía.[3] Pues, ¿quién es más soberano que aquel que se sabe *uno* y el *mismo?* Sin embargo, una confesión de la carne que come —y es comida— tendría que vérselas discursivamente con el tópico de la autobiografía de una manera diferente. Haber tomado la decisión por

---

3 J. Derrida, *La bestia y el soberano, Volumen I (2001-2002),* Buenos Aires, Manantial, 2014.

una confesión no solo nos retroyecta a uno de los modos más interesantes del relato filosófico en la historia del pensamiento occidental —recordamos ya a san Agustín, a Rousseau y a Nietzsche—, sino que nos permite cuestionarlo y abrirlo, en cuanto modo alimentario que es. ¿Pues qué es confesar sino mostrar ese sí mismo que somos, abrirlo a la hostilidad de lo exterior? Pero si pensamos que ese sí mismo no está hecho sino de las sucesivas y constantes incorporaciones a las que se expone, ya no queda tanto de un solitario yo, de una vida íntima, para hacer una biografía. La biografía, parafraseando a Derrida, siempre involucra ese movimiento de retorno al hogar, al en-lo-de-sí, al resguardo del propio ser, tal como Lévinas leía el relato homérico de Odiseo. Pero dicho movimiento de retorno no queda inmaculado tras cada repetición del viaje. Salir para volver a entrar, salir para constituir un interior no deja ese interior a salvo de lo que lo trasciende: el interior se protege, ciertamente, genera toda clase de membranas y criptas para su resguardo, pero a la larga, esa cripta no está hecha más que de lo que se incorpora de lo otro, de eso que se *percibe* como ajeno, como alteridad. No estamos aquí para hacer una filosofía de la alteridad radical —acaso eso supondría correspondientemente una de la mismidad radical— sino para mostrar que la perspectiva que tenemos desde nosotros mismos en cuanto «yoes» está agujereada por la relación con la comida, por *la relación en cuanto comida o acto de comer: comensalidad.* Mi biografía, mi confesión, está atravesada por esa diferencia, por esa repetición incorporativa mediante la cual narro quién soy. Me confieso, y me confieso desde la carne: la alimentación me ha hecho transgredir todas las fronteras, las de la etiqueta y las de la lógica. Probablemente, la de todo mi ser y mi estar.

Por ello, en nombre de esa autobiografía del comer que desarma todo intento de hablar desde un yo puro, todo intento mítico por confesar, confieso que no podría haber llevado a

cabo esta investigación sin tantas y tantos otros incorporados.
En primer lugar, confieso que no habría en mí un interés teórico ni práctico en la alimentación sin la compañía y mentoría intelectual de Rina, a quien está dedicado este libro. Mi madre, la que me dio y enseñó los primeros alimentos, nutricia hasta hoy, es quien me ha mostrado de las maneras más honestas —felices y dolorosas— lo que significa profundamente un alimento, una cosa comestible. Agradezco asimismo a mi compañero René, quien se preocupa cada día de que esas cosas comestibles lleguen efectivamente a mi estómago, de las maneras más cariñosas y atentas posibles. A mis colegas, comunidad del *sabor y el saber,* amigos y enemigos en la filosofía, ustedes saben quiénes son. A la comensalidad que se ha formado en torno a @pensarcomer, ese personaje de Instagram con quien dictamos tantos seminarios presenciales y virtuales, sobre todo durante la pandemia, en torno a la filosofía de la alimentación; ellos me dieron materiales y objetivos para escribir este libro. También agradezco al Estado de Chile, que mediante la Agencia Nacional de Investigación y Desarrollo (ANID) ha financiado toda la trayectoria de investigación que da sustento a este libro y a los que le seguirán: Fondecyt n.º 3160230, Fondecyt n° 11180180 y Fondecyt n.º 1220006. Por supuesto también agradezco al Instituto de Filosofía de la Pontificia Universidad Católica de Valparaíso: mi casa, mi cocina.

I. (ANTI)FILOSOFÍAS DE LA INGESTA

Génesis de una marginación

> Examina ahora, amigo, si compartes mi opinión en lo
> siguiente. Pues con eso creo que sabremos más de la cuestión
> que estudiamos. ¿Te parece a ti que es propio de un filósofo
> andar dedicado a los que llaman placeres, tales como los
> propios de comidas y de bebidas?
> En absoluto, Sócrates —dijo Simmias.
>
> PLATÓN, *Fedón*, 64d[1]

La historia filosófica de la alimentación, *si la hay*, es ciertamente marginal. Empujada hasta las fronteras de la filosofía, a un paso del abismo de lo concreto, la alimentación como tema filosófico ha tenido un destino estrictamente marcado por estas palabras del diálogo platónico *Fedón* que usamos como epígrafe. El *Fedón,* texto medio que los comentadores de Platón ubican entre los discursos socráticos —refutativos y aporéticos— y su propia teoría de la ideas, narra escenas finales de la vida de Sócrates. Fedón, caro discípulo suyo, visita junto a otras personalidades de la filosofía ateniense —salvo Platón, quien estaba enfermo

---

1   Para este y otros textos aquí citados, utilizamos las ediciones castellanas de la editorial Gredos, *Diálogos II* (Madrid, 1987); *Diálogos III* (Madrid, 1988); *Diálogos IV* (Madrid, 1988); *Diálogos V* (Madrid, 1988); *Diálogos VI* (Madrid, 1992). Citamos siguiendo la numeración universal de la obra platónica.

(59b10)—, a un hombre condenado a muerte por impiedad y corrupción de menores. *Dead man walking*, Sócrates lo recibe con el ánimo de los últimos días, pero no por eso menos elocuente y amante de la sabiduría. El diálogo tiene lugar, como otros de Platón, retrospectivamente, es decir, consiste en un relato que el mismo Fedón recuerda sobre ese último día del maestro. Se lo cuenta lleno de detalles a Euquécrates, pitagórico de Fliunte, quien lo escucha con toda su atención. El relato, entonces, narra las últimas reflexiones del sabio quien, ante las múltiples inquietudes de sus discípulos, vuelve una y otra vez al tema que lo asedia ya sin remedio: su propia muerte inevitable. La muerte, tópico filosófico por excelencia, núcleo de las meditaciones más amplias y profundas de la tradición helénica,[2] no podría dejar de examinarse en esta extrema escena de despedidas sin retorno. Sócrates, entonces, en un intento también por consolar a quienes han vivido con y para él, intenta demostrar con agudos argumentos por qué la muerte no es realmente un mal al cual temer, y menos para un filósofo. De hecho, especialmente *no* para un filósofo. Pero, entonces, ¿cuáles son los temas de la práctica filosófica, tal que la muerte no aparece como una tragedia? Sabemos, recuerda Sócrates, que al morir el alma se separa del cuerpo: mientras aquella viaja hacia la «llanura de la verdad»[3] a unirse con la divinidad; este se degrada junto a los elementos básicos del mundo material. El filósofo no debiese temer a la muerte justamente porque sus preocupaciones tienen que ver con el alma, con el estudio de ese principio divino de vida que sobrevive hasta la más cruda de las destrucciones corporales: recordemos que hasta tres dosis del veneno fueron preparadas para Sócrates, pues el acaloramiento que se sigue de mucho ha-

2 Cf. M. Foucault, *La hermenéutica del sujeto. Curso en el Collège de France (1981-1982)*, Madrid, FCE, 2004.
3 Cf. Platón, *Fedro*, 248b7.

blar amenazaba con hacer ineficaz al elixir mortal. Dado que, en las reflexiones de Sócrates, el cuerpo no es tema de la filosofía —pues sus funciones no constituyen operaciones propias ni del hombre, ni menos del hombre sabio— deshacerse de él más que un drama se promete realmente como una bendición. El placer y el dolor, que Sócrates constata con sorpresa como contrarios que confluyen constantemente en la vida terrenal, son más bien de interés de los fabulistas como Esopo,[4] y jamás maravillas para quien ama la sabiduría; en consecuencia lógica, tampoco pueden serlo ni el sexo, ni la comida ni la bebida.

La sombra de esta sentencia cubre con un manto oscuro a la filosofía como episteme y a la alimentación como su tema, al menos en la línea más hegemónica de su desarrollo occidental. Todo proyecto o intento de buscar en la historia de la filosofía lugares donde se hable de alimentación tendrá a este como su inevitable hallazgo: un Platón diciendo *no*. ¿Cómo, entonces, pensar esta exclusión de la alimentación como tema filosófico? Como señalamos citando la reflexión socrática sobre la muerte, esta marginación probablemente tenga que ver con una configuración antropológica propia de la filosofía griega temprana, o de esta filosofía griega que se inaugura históricamente con la figura de Sócrates y con Platón. Habría que buscar aquí un posible origen occidental de la no existencia de una filosofía de la comida y del comer, ni en la Grecia clásica ni en la tradición que le sigue, al menos hasta entrado el siglo xix. Comenzaremos, entonces, examinando aquí, especialmente en los textos de Platón, y solo en parte en los de Aristóteles —ya veremos por qué—, las posibles condiciones filosóficas de esta exclusión.

Decíamos que todo comienza, plausiblemente, con ciertas configuraciones antropológicas de la filosofía griega. Pues, si la filosofía verdaderamente nace con Sócrates, o si esto es verdad

4 Platón, *Fedón*, 60d y ss.

31

al menos para una tradición dominante dentro de la historiografía filosófica, ella nace como pregunta antropológica, es decir, como pregunta por el ser humano. Asistimos, con Sócrates, a un supuesto *giro antropológico* que pone en el centro del quehacer filosófico al ser humano y todo lo que le concierne directamente, giro además apuntalado por Sócrates gracias a su interpretación de la famosa inscripción délfica: *gnothi seauton,* conócete a ti mismo.[5] Sin embargo, y más específicamente, este giro antropológico es a su vez una suerte de giro psicológico, pues esa antropología es en realidad, en su origen histórico, algo más cercano a una psicología: *teoría del alma* o ψυχή. *Psyché,* el vocablo griego para referir al alma, es inmediatamente a nuestros ojos un signo que, aunque lejano en el tiempo, todavía nos parece familiar: a partir de él construimos nuestra propia palabra para nombrar eso aparentemente inmaterial que hay en nosotros, la psiquis o el aparato psíquico. En su origen etimológico, sin embargo, se halla sorprendentemente una suerte de onomatopeya, pues en griego *psyché* parece imitar la última exhalación del cuerpo que muere, y significa así, literalmente, «soplo», «aliento» o «respiración».[6] Se vuelve un signo para nombrar al alma a partir de la observación de los cuerpos animales que respiran, un signo del aliento que es lo último que los deja cuando se acaba la vida: eso, para los griegos, era la *psyché,* el alma. Primera cuestión que nos parece interesante: que aquel principio, tan alto para los filósofos antiguos, sea formulado lingüísticamente a partir de una transposición semántica, mediante uno de los tantos movimientos del *metapherein,* literalmente, «transportar más allá» —reservemos esta nota para más adelante—. Demos un paso más: la psicología

5 Cf. Platón, *Alcibíades,* en *Obras completas de Platón Tomo I,* Madrid, edición de Patricio de Azcárate, 1871, p. 165. Para una tesis sobre el lugar de la consigna de Delfos en la filosofía griega, cf. M. Foucault, *La hermenéutica del sujeto, op. cit.,* pp. 15-38.
6 Cf. Platón, *Crátilo,* 399e.

es, en su origen filosófico griego, el estudio del alma; sin embargo, resulta que en Sócrates el estudio del alma coincide, además, con el estudio del ser humano completo, tomado en su totalidad: la psicología coincide con la antropología y ambas son la filosofía misma en su nacimiento.

¿Y el cuerpo? A pesar de que la palabra *psyché* se acuña por observación del cuerpo, el *sôma* queda del todo fuera de esta antropología y, en consecuencia, deslindado —al menos para Platón— de lo humano mismo. (En Aristóteles, si bien no encontramos ninguna audaz filosofía del cuerpo, este entra en igualdad de estatus ontológico en la composición *hylemórfica* que es la sustancia humana: compuesto de materia y forma, y no solo de forma. Aristóteles no concibe la realidad humana faltando uno u otro de estos principios. Sin embargo, la forma en Aristóteles, si bien participa del compuesto humano en igual medida que la materia, sí ostenta una jerarquía metafísica, al ser el principio activo o determinante del cuerpo). En esta psicoantropología filosófica, la noción de ser humano se entiende como una unidad dual o como una sustancia compuesta de dos elementos heterogéneos entre sí. El cuerpo y el alma no son de la misma naturaleza para un griego como Platón, porque el alma es inmaterial y el cuerpo es material, y porque a la inmaterialidad del alma le está asociado el principio de la actividad en general —o el principio de la vida— y, específicamente, de la actividad que nosotros llamamos pensamiento. Por otro lado, al cuerpo le está asociada la pasividad, el ser pasivo y específicamente, de manera muy culposa, el estado de pasividad al que empujan emociones tan determinantes, básicas y constitutivas como el placer y el dolor —que, como notaba Platón, a pesar de ser contradictorios, no se presenta uno sin que luego sobrevenga el otro: como ligados a la misma cabeza—.[7] El cuerpo corrió la suerte dictada

---

7 Platón, *Fedón*, 60b4 y ss.

por esta protopsicología y tuvo su origen filosófico definiéndose como una masa pasiva, un conjunto de materia informe que sin el alma no tendría ni organización ni movimiento alguno. Pues el alma pone en movimiento: el movimiento es propio del alma en cuanto activa, y se lo comunica al cuerpo operando como su principio de animación. Así lo entiende Sócrates, así lo entiende Platón y así lo entienden muchos filósofos griegos a lo largo de la tradición de la filosofía antigua —incluido, por cierto, Aristóteles—.[8] Esta cuestión será efectivamente transmitida a la filosofía medieval, que gracias a esta división jerárquica se transforma muy fácilmente en teología. La filosofía deviene entonces *ancilla theologiae,* esclava de la teología, muy auspiciada por la tesis sobre la composición del ser humano en dos principios exteriores el uno del otro, subordinados ontológica, epistemológica y éticamente: el alma y el cuerpo.

Para los filósofos griegos más canónicos, entonces, el tema propio de la filosofía no es sino el alma, su actividad y todas aquellas cuestiones que le corresponden o que están en plena relación con su función organizativo-normativa. El alma y no el cuerpo; pues, como señalamos, la *relación* entre alma y cuerpo no es solamente una relación de diferencia, sino sobre todo una relación de subordinación. El alma, decíamos, al ser el principio de organización y animación, ostenta una jerarquía respecto del cuerpo, o en palabras del mismo Platón, el alma «gobierna» al cuerpo. Gobernar es una actividad central en la teoría política de Platón, incluso también en su metafísica; lo que resulta sorprendente es que también lo es en su teoría del alma. Encontramos en Platón el primer antecedente de todas aquellas formulaciones contemporáneas que muestran la contaminación constitutiva de la política con otras esferas epistémicas, tales como la *teología política* o la *ontología política.* Esta vez, se

8 Aristóteles, *Acerca del Alma,* Madrid, Gredos, 1985, 412a20 y ss.

1. *(Anti)filosofías de la ingesta*

trata de una inusual *psicología política* que, como mostraremos, nos ha determinado fuertemente desde entonces hasta nuestros días. La función gubernamental, caracterizada por la organización, administración, control y docilización del cuerpo —muy cercana a eso que Foucault llamó «anatomopolítica»,[9] aunque sin Platón de fondo—, la encontramos abriendo el texto de *La República*. El tema del libro primero del diálogo no es realmente el ser humano en sí mismo, sino solo en cuanto un paso por su constitución anímica es necesario para hallar la correcta definición de justicia, que Sócrates propone en contraposición a las de los sofistas Polemarco, Trasímaco y Glaucón. En ese libro primero, buscando como tema inaugural en qué consiste la operación o la actividad propia del alma humana,[10] Platón llega a la conclusión de que esa actividad no es sino el gobierno; *extrañamente,* Platón no dice primero «razonamiento» o «pensamiento» —*logos, nôus*— para luego utilizar una metáfora política. Platón dice *primero y primordialmente* «gobierno» y gobierno en sentido propiamente político, específicamente a partir de tres verbos griegos: *archein, epimelesthai* y *boúlesthai.* Estas tres palabras, que se traducen normalmente por *gobernar, administrar* y *deliberar,* respectivamente, nombran del modo más preciso la función propia —léase exclusiva, *ideōn*— del alma humana (normalmente, se traduce el vocablo *ideōn/* ιδεών por lo «propio», pero está claro que en estos pasajes de Platón, sumado al uso que hace Aristóteles de esta palabra en *Ética a Nicómaco* [1097b20-1098a20], tiene además el sentido concluyente de «exclusivo», o que no pertenece a ningún otro individuo), cuya excelencia propia es además la justicia. Toda una hueste de vocablos políticos arrancados de su campo son, sorpresivamente, los más apropiados para la tesis

---

9   Cf. M. Foucault, «Las redes del poder», *Farenheit* 450 (1), 1986, pp. 13-19.
10   Platón, *República,* 352e-354a.

antropo-psicológico-política de *La República,* mientras que la palabra «razonamiento» no aparece asociada a esta función gubernamental sino tres libros más adelante. Gobierno del alma sobre el cuerpo, ¿cómo se lleva a cabo? ¿Cuál es la especificidad de su método? Según todo lo expuesto, la respuesta tendría que ser esta: el alma, en cuanto principio de vida, gobierna el movimiento del cuerpo. Pero, dado que tanto en Platón como en Aristóteles el movimiento no es producido sino por el deseo, el alma gobierna entonces específicamente los apetitos asociados al cuerpo, es decir, gobierna e impera sobre el deseo. El gobierno del alma es el gobierno sobre el cuerpo mediante el deseo. Filósofos, entonces, son todos aquellos que tienen como objeto de reflexión el alma humana, en la medida en que en ella se establece una correcta diferenciación jerárquica y controladora entre las potencias que la hacen pensar y las que la hacen desear. En efecto, mediante una observación fenomenológica ya canónica en la historia de la filosofía, Platón nota que los seres humanos tendemos a sufrir constantemente de lo que hoy llamaríamos conflictos motivacionales: momentos más que cotidianos en los que nuestro deseo entra en tensión con nuestro razonamiento, produciéndose una suerte de guerra interna, que no sin violencia puede decidirse a favor de cualquiera de estos dos principios.[11] El fenómeno de un pensamiento recto que intenta reprimir y así controlar a un deseo insurrecto no podría ser negado por ninguna criatura humana, cuestión que —concluye Platón— solo es explicable por la tesis que divide el alma en potencias racionales, o gobernantes, y potencias irracionales, o destinadas a ser gobernadas. Tal como un arquero necesita de dos manos para

---

11   Sobre esta violencia intestina del encuentro contencioso entre razón y deseo, véase nuestro texto *Comenzar con el terror. Ensayos sobre filosofía y violencia,* Buenos Aires, Prometeo, 2020.

1. (Anti)filosofías de la ingesta

tensar su arco y su flecha en direcciones opuestas (439a), el alma necesita al menos de dos partes heterogéneas entre sí para producir esta lucha intestina. De esta manera, el deseo, sobre todo en la medida en que está asociado al placer que produce cuando se consuma, no solo puede, sino que debe ser tema de reflexión filosófica; pero solo para mostrar y fundamentar su subordinación al razonamiento.

Lo que verdaderamente nos llama la atención es que, un poco más adelante en *La República* (439a-e), Platón explicita esta dinámica del gobierno del alma racional sobre el deseo exclusivamente mediante el ejemplo de la sed *(dípsos)*. Todo parece indicar allí que este deseo no ha sido escogido por Platón al azar, sino que es realmente paradigmático para entender la dinámica del gobierno, por una razón fundamental: más que por su extensión a toda naturaleza animal, la estructura del deseo de ingesta corporal parece ser el modelo o esquema general de todo deseo. El vocablo griego δίψος significa, en efecto, tanto tener sed —o estar en estado de deshidratación— como, figurativamente, *anhelar* en sentido amplio. Por un lado, la sed, pero también el hambre en Platón son modos básicos del desear (en *Timeo* 70e-7 se dice que en el estómago hay un pesebre donde habita un animal indómito que es preciso domesticar para poder acceder a la vida contemplativa, haciendo clara la relación entre el estómago y el apetito en general); pero por otro, la lógica de la tendencia hacia un objeto que tiene como fin no solo su posesión, sino esencialmente su consumo, puede replicarse de modo bastante estricto en todas las demás formas del deseo. Así, además de ser propios de toda vida animal, son los que producen el esquema más corporal de todos los deseos, pues la consecución de su objeto solo sacia el deseo mediante un acto de incorporación material: es la ingesta del objeto, el traspaso del sagrado límite entre el cuerpo y el mundo, entre el «interior» y el «exterior» en general, lo que puede consumar dichos apetitos. La carencia de bebidas y de comida nos muestra qué tan profunda e íntima puede llegar ser nuestra relación con las cosas del mundo, y hasta qué punto lo que existe fuera de nosotros puede llegar a constituirse en nuestra propia interioridad. Que *somos lo que comemos* no puede ya negarse desde que experimentamos en nuestro propio cuerpo el hambre o la sed. Platón sabe esto, y sabe también que es justamente por esta razón que hablar filosóficamente de la comida se vuelve peligroso. Hacerlo podría devolverle al cuerpo la dignidad de ser *el centro de todas las grandes preocupaciones,* justamente a ese lugar «exterior» que, aunque «interior», no es más que la cárcel del alma.

Hablar de comida y bebida, sin embargo, es necesario. En los pasajes de *La República* que señalamos, en los que Sócrates toma la estructura de la tendencia desiderativa de la sed como modelo del desear en general, se juegan muchas de nuestras actuales configuraciones problemáticas con la comida. No debe pasar desapercibido que la palabra griega para deseo, *órexis,* se utiliza en algunas de las más importantes construcciones epistémicas de la psicología de nuestro siglo, justamente en aquellas que asocian el deseo de comer a *todo* deseo. En las clasificaciones de los trastornos de la conducta alimentaria, los llamados TCA, el vocablo *órexis* compone la lexicografía de gran parte de la gama de patologías asociadas a la relación con la comida: la an-orexia señala la merma en el deseo de alimento, la ort-orexia, combinada con el griego *orthos,* describe la obsesión por comer rectamente, de modo excesivamente sano, mientras que la vig-orexia hace referencia al deseo de alcanzar el máximo vigor (de *vis,* fuerza en latín) corporal mediante la alimentación. Estos trastornos, generados a su vez por la representación del cuerpo propio en estrecho vínculo con las normatividades estéticas que imperan históricamente sobre su forma, en realidad solo nombran configuraciones generales del deseo. Que el deseo en su expresión griega sea el modo en que se nombran hoy trastornos en los deseos alimentarios tiene mucho que decirnos aún sobre los efectos históricos, en general inconscientes, del platonismo y su «gobierno del alma» a ratos represivo. Pero no soltemos tan pronto esta hebra productiva: que figuremos las faltas del deseo de alimento mediante las faltas del deseo en general nos da, sin embargo, un punto a favor. Como decíamos, el deseo en general ha sido representado en la historia de la filosofía del modo más preciso por el deseo de ingerir o incorporar. ¿Qué nos dice este hecho? ¿Qué consecuencias se siguen de que todo deseo tenga la estructura del deseo de comer? En primer lugar, nos dice que, incluso para alguien como Platón, el deseo alimentario es mucho más importante de lo que parece a simple vista. No sería descabellado, dada la constatación platónica, entender toda reflexión sobre el movimiento animal, la acción humana, la volición y sus fuentes de determinación, pero incluso todo análisis ético —en la medida en que en su centro está la preocupación por el deseo— desde una ampliada meditación sobre el comer. Después de todo, que Platón considere que el gobierno es la función propia del alma humana, y que este se ejerza de modo ejemplar sobre el hambre y la sed, tiene también algo positivo que enseñarnos: siendo el deseo de comer un deseo de lo comestible en general, lo primero que el razonamiento puede y debe hacer es, cada vez que se desee comer, seleccionar ciertos alimentos del reino de lo comestible y rechazar otros; por otro lado, siendo el deseo en general una fuerza que remece al sujeto y lo impulsa a buscar irrefrenablemente el objeto de satisfacción, el razonamiento debe también temporalizar el cumplimento del deseo —aplazarlo, adelantarlo o simplemente anularlo—. En todos los casos, que la razón gobierne al apetito significa saber elegir qué alimentos comer y cuándo comerlos. La razón entrega una norma de selección y criba para la satisfacción del deseo de comer, lo que constituye un principio normativo que hasta hoy no pierde su vigencia:

la necesidad de una dietética como forma normativa de la vida y de su capacidad de desear. La gubernamentalidad del alma sobre el cuerpo se da, entonces, oblicuamente mediante los deseos, respecto de los cuales siempre se puede o temporalizar su satisfacción, anularla o diversificar el objeto de dicha satisfacción. Esas posibilidades son las del gobierno del alma y, por supuesto, todo esto está marcado por una muy tajante frontera antropológica que separa y jerarquiza al ser humano respecto de otros seres animales y no animales. ¿Será ya momento de cuestionarnos, 2500 años después de Platón, hasta qué punto buena parte de nuestros problemas psicológicos, sociológicos y hasta éticos con la comida pueden provenir de esta idea de gubernamentalidad asociada a la función del alma, y del alma propiamente racional, sobre aquella parte suya que, aunque diferenciada estrictamente, es la que pone en movimiento al cuerpo a partir de un impulso tendiente a la persecución de objetos de satisfacción? Y, por otro lado, ¿será que en paralelo debemos volver a preguntarnos, una y otra vez, sin cesar, en qué consiste regular la vida, normarla, construirnos una dietética propia sin que esta repita la represiva y hasta tiránica forma del gobierno, la administración y la deliberación?

La culinaria del discurso

Sin embargo, y a pesar de esta marginalidad temática de la alimentación que podemos rastrear al menos desde Platón, es curioso notar que las referencias a esta se encuentran por todos lados en los discursos de la filosofía: es realmente una suerte de exclusión-inclusión la que opera en relación a ella. ¿Dónde, o más bien, cómo son esas referencias que parecen tan escasas y se mantienen tan ocultas? En primer lugar, como mostrábamos con Platón, la alimentación aparece *a tergo* de toda reflexión sobre la vida y su capacidad de desear, de modo que siempre que se habla del deseo, se habla, directa o indirectamente, de comida. Pero hay todavía otro modo en que la comida se cuela por los intersticios del texto filosófico. Nuestra segunda tesis es que la alimentación es objeto de continuos e insistentes usos metafóricos y metonímicos en la historia de la filosofía, tanto cuando se habla de comer como de otras actividades que le están asociadas: cocinar, degustar, digerir, etc. Así como el deseo de comer se margina en un texto platónico por comportar la estructura más básica y corporal de todo deseo, la cocina sufre una suerte semejante, esta vez por ser la forma paradigmática de la técnica, en tensión con el que parece ser su opuesto jerárquico: la naturaleza. De este modo, si bien la inclusión metafórica de la alimentación asegura su lugar en los escritos de todos los tiempos, no la pone a salvo de las sucesivas marginaciones de un filósofo tan estricto como Platón. En otro texto del ateniense podemos descubrir esa otra exclusión asociada a la comida: esta vez opera sobre la *cocina* un gesto de delimitación discursiva que no solo la excluye de las prácticas humanas dignas de ser pensadas, sino también la recubre con un aura de peligro y amenaza para ese discurso mismo que quiere mantenerse a salvo de su contaminación con ella. Se da, en efecto, una suerte de *criminalización* de lo culinario, en cuanto Platón asimila las prácticas de la cocina con las de la retórica de los sofistas y con la violencia que ella supone para la vida política.

A primera vista, Platón solo habla de la cocina para dar algún ejemplo que facilite la comprensión de los auditores de Sócrates, utilizándola así como recurso o herramienta retórica para explicar de modo satisfactorio ciertas cuestiones de carácter trascendente. A él hay que adjudicarle uno de los pasajes más memorables sobre la relación entre cocina y discurso, entre cocina y saber. Este lo hallamos en el diálogo *Gorgias,* un escrito dedicado a sostener un debate intenso y polémico sobre el estatuto y la función de la retórica como arte discursivo. En esas páginas encontramos la famosa asimilación entre retórica y culinaria (462d, 465c), en una analogía que se establece como sigue: la retórica es a la mente lo que la cocina es al cuerpo. Una comparación que además está encadenada en un razonamiento mayor, que pretende justamente denigrar a la retórica por referencia a la cocina, la que a su vez también se denigra para lograr la comparación buscada, a saber: que la retórica es a la filosofía lo que la cocina es a la medicina. Y con esto, lo que Platón quiere decir es que la retórica es algo así como una mala copia de la filosofía: imperfecta, débil, pero también dañina y peligrosa, justamente por no cumplir con los requisitos que impone el saber, porque no se guía por las normatividades discursivas de la ciencia. En efecto, el diálogo comienza con un Calicles que lamenta que Sócrates no haya escuchado la exposición *(epideíknysthai)* de Gorgias que, en cuanto cargada de elocuencia discursiva *(epideíksis)*, había sido, sin duda, una suerte de *exquisitez:* la palabra griega *asteios,* si bien normalmente califica a discursos sofisticados e incluso de corte urbano —lo cual la hace apropiada para referir al discurso de Gorgias— es también usada, particularmente por los poetas cómicos, para hablar de platos diseñados para atraer a *paladares cultivados y refinados.* Sócrates se ha perdido esa suerte de «manjar de palabras», pues ha llegado, como él mismo dice, «demasiado tarde a la fiesta» (447a3), idea también frecuentemente utilizada por los poetas para lamentar haber perdido la posibilidad de probar las comidas y bebidas propias de estas celebraciones.

Platón utiliza la metáfora de la alimentación para referirse al deleite que produce atender a discursos orales bien construidos en muchos lugares de su obra.[12] En los casos citados

---

12 Platón, *Timeo* 27b7-8, *Lisias* 211c11, *Fedro* 227b6-7, y *República* 352b4-7 y 354a13.

por él, la cocina no aparece directamente asociada a la discursividad, pero sí indirectamente en la medida en que se habla de «festines y/o banquetes *(estiasis)* de palabras», con connotación claramente positiva. Sin embargo, en *Gorgias* la cosa es diametralmente opuesta. Los «cocineros» de discursos esta vez son los sofistas, y sus banquetes ofrecen deleites peligrosos o directamente perjudiciales. La comparación se da a través de un criterio: la adulación *(kolaqueia)* (463b1), es decir, la capacidad de producir placer al que se expone a ellas, pues tanto la retórica como la culinaria no se preocupan de lo que sea bueno para el hombre —que coincide, además, siempre con lo verdadero—, sino solo de aquello que le produce placer. Con ello apoyará una idea bastante incómoda para los oradores presentes: la retórica no es un arte *(techné)* (462b-7), sino solo una práctica, una rutina o una dinámica de experimentación *(pragmata, empeiría)* (462c-3) que versa sobre los procedimientos de persuasión para los ignorantes (459c), a partir de la adulación. Sin duda, estas configuraciones se insertan dentro del régimen platónico y sus normatividades textuales, del que Aristóteles es, en muchos aspectos, un fiel heredero y para quien, vale recordar, una *techné* es un hábito productivo acompañado de razón verdadera.[13] Como la retórica de los sofistas desde sus inicios se autoproclamó como artífice o creadora de persuasión, y de esa manera también la entendió Platón, no tuvo como criterio —es decir, como *telos* de su discurso— a la verdad. Para la retórica, la *persuasión* es lo propio del discurso, su *telos* natural, y su función es producir en el oyente una cierta creencia acerca de alguna realidad. Por tanto, solo puede medirse por lo que podríamos llamar *verosimilitud* (un símil de la verdad), dado por lo probable *(eikós)* o lo plausible *(éndoxos).* Lo *probable (eikós)* es descrito por Aristóteles como «lo que sucede la

---

13   Aristóteles, *Ética Nicomáquea*, Madrid, Gredos, 1985, 1140a20.

mayoría de las veces, pero no absolutamente, como algunos afirman; sino lo que, tratando de cosas que pueden ser de otra manera, guarda con aquello respecto de lo cual es probable la misma relación que lo universal respecto de lo particular».[14] Lo probable es lo que sucede la mayoría de las veces, pero solo en cuanto coincide con una opinión generalmente admitida o plausible *(éndoxos)*. Ciertamente, según estos términos, la retórica no puede ser entonces una *techné* y menos, por supuesto, una *episteme:* un discurso teórico orientado a la verdad.

Como vemos, este primer encuentro histórico entre cocina y discurso excluye radicalmente a la retórica y a su análogo de los límites de la ciencia. Es más, ni siquiera le atribuye el estatuto de *techné*. La diferenciación del discurso científico con la retórica se puede apreciar también en otro diálogo, el *Fedro,* en el que el *logos,* el discurso racional orientado a la verdad, es caracterizado como un ser vivo, más precisamente un *zôon* (264c). Como plantea Derrida,[15] el *logos* tiene vida porque está siempre asistido por su padre. Ciertamente, esto vale solo para discursos orales, para la palabra hablada o *phoné,* pues la escritura *(graphé),* al no tener el sustento permanente de su autor, es realmente un artificio, un ser inerte. Que el *logos* sea un ser vivo implica que se comporta como tal, es decir, que en primer lugar responde a un cierto orden orgánico, pues tiene cada parte puesta en el lugar que corresponde (pies, cabeza, miembros). Así, cuando los discursos son malos discursos, como el de Lisias (sofista señalado por Sócrates), se observa un desorden (235a), un sin-pies-ni-cabeza. El filósofo, entonces, es el que puede dividir las ideas naturalmente como las divisiones de un cuerpo vivo (266a, b y c). En efecto, en la medida en que

14 *Id.*, *Retórica*, Madrid, Gredos, 1999, 1357a.
15 J. Derrida, *La farmacia de Platón*, en *La diseminación*, Madrid, Fundamentos, 2001, p. 116.

además Platón asocia aquí la retórica con la escritura *(graphé)*, con el discurso escrito, y a la filosofía con la oralidad *(phoné)*, las palabras habladas tienen la ventaja de tener fundamento, ya que siempre están asistidas por ellas mismas (276e-9) y no necesitan ayuda externa (275e), mientras que las segundas se caracterizan por ser estériles (277a) y guardar silencio cuando se las interroga (275d-7). Por ello, la escritura aporta un simple ayudamemoria, un recordatorio, algo muerto *(hypómnesis)* (275a-7 y 275d) y no un recuerdo que se saque desde el interior y que, por tanto, está *vivo* y en movimiento *(mneme)* (275a). Ello lleva a Fedro a concluir que la escritura no es más que una copia, un reflejo de la verdadera palabra, solo la *mímesis* del verdadero *logos* (276a-9). La retórica, en cuanto dependiente de la palabra escrita, no puede tampoco ser discurso verdadero, porque es *artificial,* porque es *inerte,* porque está *muerta.* De ahí su comparación con la cocina, pues ella también pertenece al lado de la artificialidad, de lo nómico, de lo convencional, de lo sensible y de todos los demás opuestos decadentes.

Esta ubicación de la cocina como análoga de la retórica y, por tanto, peligrosa, se deriva de un gesto doble de significación por parte de Platón: la cocina es un quehacer humano, pero uno que está vinculado con aquella parte de lo humano que no tiene acceso a la verdad, pues es la parte *a-logos* del alma: en la medida en que la cocina está orientada a la alimentación, y la alimentación no es una de las operaciones del alma que tiene como función propia gobernar la existencia —gestionar, deliberar—, sino que, al contrario, es ella objeto de dominio, en esa medida la cocina no es una práctica *propiamente* humana. Y aunque cocinar implique una transformación de los alimentos de la cual no puede valerse el animal no humano, tiene una relación con lo sensible que puede, de hecho, subvertir el dominio del principio racional sobre el apetito. La sobretecnificación, la artificialidad y la sofisticación que tiene en su base la cocina la hacen promover el paso de una ciudad ideal a una ciudad de cerdos (*Rep.* 372b). Que la adulación sea el criterio por el que se guía la práctica culinaria es indicio claro de ello, y es por esto que, para Platón, la cocina no es realmente *necesaria* para la subsistencia sino siempre superflua y peligrosa.

La cocina en *La República* es además descrita por recurso al binomio «sano»/«enfermo», nomenclatura que pertenece a la medicina, disciplina que, justamente, había sido contrapuesta a la cocina como ejemplo de virtud en *Gorgias*. Un Estado sano se caracterizaría, entre otras cosas, por la buena alimentación de sus ciudadanos, para la cual es necesaria una correcta y meditada selección de alimentos, así como también de sus cantidades (372c4-d4), tema sobre el que volveremos en el siguiente apartado. Esta labor es, para Platón, la del médico, más que la del que se llama a sí mismo cocinero; sin embargo, esto no excluye que el médico pueda y *deba* de hecho cocinar. En efecto, dado el paradigma hipocrático imperante,[16] el médico es él mismo un cocinero y casi nada más que un cocinero, pues ciertamente no tiene las funciones que le atribuye la medicina «moderna»: no debe dedicarse a cuidar enfermos medicándolos y recetándoles reposo (372e), dejando la alimentación a la decisión de otros —esto sería, en cambio, propio de un Estado afiebrado—. La diferencia es que cuando el médico cocina, lo hace no para producir placer sino para proveer salud a los ciudadanos. Del mismo modo que cuando el filósofo articula discursos, no lo hace para persuadir a sus oyentes sin importar la verdad o falsedad de lo que enuncia, sino para dotarlos de conocimiento. Podemos concluir que, si se toma a la cocina en sí misma, vale decir, con independencia de su sujeción a la medicina —si hablamos del cocinero a secas y no del médico-cocinero—, ella no es más que

46

una rutina destinada a enfermar el cuerpo y, a causa de ello, a producir un Estado enfermo, desordenado, peligroso, *de cerdos:* que confía su salud a la *farmacología,* aquella otra práctica nefasta que consiste en curar artificialmente el cuerpo en el límite abismal entre el remedio y el veneno.[17]
La cocina, al igual que la retórica, debe estar subsumida en el discurso de la ciencia, en este caso en el de la medicina, tal como la retórica debe estarlo en el de la filosofía (dialéctica) como ciencia suprema: Platón solo acepta una forma de la retórica, una retórica *conforme a derecho,* si se quiere, en la cual el orador mira siempre a la justicia y a la verdad, sin intenciones de adular (*Gor.*, 504d). Es decir, una retórica cruzada por la dialéctica y apoyada en ella: una retórica propiamente filosófica. Notemos cómo en Platón todo lo que se relaciona con lo artificial (lo no-vivo, lo in-orgánico) que puede incluso envenenar al cuerpo vivo del animal (y al del *logos* en cuanto *zôon),* que sirve primero al deseo y al placer antes de servir al gobierno del alma, queda inmediatamente fuera de los límites del discurso, de la verdad y del Estado; en el afuera del engaño, de la perversión y de la criminalidad. Y por ello debe ser o bien sometido o bien expulsado de las fronteras jurídicas de lo epistemológico en general. Si recordamos que el primer criterio para que una profesión u oficio pueda ejercerse en la ciudad sana es la necesidad (369c), y que este criterio solo puede respetarse en una comunidad cuyo número de habitantes sea reducido, entonces el aumento en la cantidad de personas solo ocurrirá, como dice Platón, por factores externos a lo necesario. Una ciudad que requiriera más alimentos y mejor preparados —entre otras abundancias— obligará, entonces, a recibir más gente en sus fronteras, gente que radicaría allí «forzada *no* por la necesidad», dice Platón (373c). Entre dichas personas

17 Platón, *Fedro,* 274e-8 y 275a-6.

estarían, sin duda, los cocineros, que junto a imitadores, rapsodas, poetas, ayas, nodrizas, camareros, peluqueros, carniceros, etc. pasarían a formar parte de una ciudad que estaría, ahora, «hinchada de tumores» (372e). Nótese que todos estos personajes que cita Platón están de alguna manera asociados a esas tres prácticas análogamente denigradas en *Gorgias:* retórica, cocina y cosmética.

De alguna manera, ese cocinero que Sócrates-Platón expulsa de su república ideal podría ser el mejor médico: pues no solo daría una pócima terapéutica, sino que, además, esta sería sabrosa. A ese cocinero le han sido cortadas las alas para el ámbito de la ciencia y ha sido reducido a un técnico, o incluso menos. La técnica supone un saber productivo, en cambio el hábito es una repetición sin más: aprender por repetición no supone ningún saber, no es necesario saber para repetir.

El Estado afiebrado

Volvamos sobre este último tema, el político, para profundizarlo. Frente a esta seguidilla de marginaciones, ¿cómo, entonces, debería ser la alimentación de un filósofo y, por ende, la de una república ideal? Decimos «por ende» sin dudarlo, pues recordemos que el modelo de la república ideal repite y redobla el modelo de gobierno que se da en el interior del individuo. Así como el alma gobierna el cuerpo, también lo reprime, aplaza su deseo, a veces definitivamente lo anula o diversifica su objeto; así como el alma hace eso sobre el cuerpo, así el gobernante —filósofo nacido en cuna de oro— debe actuar sobre el cuerpo social. Hay, primero, toda una teoría del individuo y del alma en *La República,* de la que se sigue, una teoría propiamente política. Esta es quizás la explicación última de la psicología política de Platón: la psiquis, el alma, está en constitutiva relación analógica con la ciudad, es decir, no puede siquiera pensarse sin pensar su doble análogo, y viceversa.

La pregunta por la alimentación de la república entra entonces en escena. El contexto es la extensa y ya citada conversación de Sócrates con Glaucón, famoso sofista. Es él justamente quien pregunta a Sócrates: ¿cómo se van a alimentar los ciudadanos de tu república? Citamos parte de la respuesta platónico-socrática:

> Observemos, en primer lugar, de qué modo viven los que así se han organizado. ¿Producirán otra cosa que granos, vino, vestimenta y calzado? Una vez construidas sus casas, trabajarán en verano desnudos y descalzos. En invierno, en cambio, arropados y calzados suficientemente. Se alimentarán con harina de trigo o cebada, tras amasarla y cocerla, servirán ricas tortas y panes sobre juncos o sobre hojas limpias, recostados en lechos formados por hojas desparramadas de nueza y mirto; festejarán ellos y sus hijos bebiendo vino con las cabezas coronadas y cantando himnos a los dioses. Estarán a gusto en compañía y no tendrán hijos por encima de sus recursos, para precaverse de la pobreza o de la guerra [...]. Pero es obvio que cocinarán con sal, oliva y queso, y hervirán con cebolla y legumbres como las que se hierven en el campo. Y a manera de postre les serviremos higos, garbanzos y habas, así como bayas de mirto y bellotas que tostarán al fuego, bebiendo moderadamente. De este modo, pasarán la vida en paz y con salud, y será natural que lleguen a la vejez y transmitan a su descendencia una manera de vivir semejante. (372a-d)

Como se observa, sobre todo para quienes gozan de la naturaleza y de lo natural, Platón está describiendo una suerte de paraíso terrenal: ciudadanos que andan descalzos en verano, que se recuestan sobre la hierba, que comen granos, hierven las verduras y beben moderadamente —pero, un momento, aquí hay algo extraño: los ciudadanos de la república también beberán vino, ¡esto es novedoso!—. En efecto, sobran los lugares en los que el Sócrates de Platón aparece como un férreo crítico de la embriaguez.[18] Sin embargo, se trata de beberlo *con moderación,* tomando en cuenta el hecho histórico de que en la Grecia precristiana a falta de agua potable bueno era el vino. Un vino suave, ciertamente, no excesivamente alcohólico, con una fermentación básica.

Entonces, podemos decir lo siguiente sobre la *alimentación platónica:* muy natural, muy pocas cocciones, junto a maneras de mesa *ad hoc,* pues se come al aire libre, a piel descubierta. Sin embargo, aunque ideal, este tipo de alimentación puede ser también cuestionada desde una suerte de «realismo» respecto de las costumbres y gustos de la Atenas del siglo v a.C. En efecto, ante semejante sueño bucólico de salud y moderación, Glaucón toma la palabra para decir: «Sócrates, pero me parece que invitas a esa gente a un banquete sin companaje *(ópson)* alguno» (372c3). Expresión que en nuestros días podríamos traducir por algo como esto: «Sócrates, agradecemos que te preocupes porque tus ciudadanos se conecten con lo natural, pero la verdad es que tu propuesta alimentaria no excita a (casi) nadie, por favor dale más sabor a tu república que comer es también gozar».

La respuesta de Sócrates no se hace esperar. Conocido como el tábano, un análogo de aquel insecto, responde sin hacer demasiado daño objetivo, aunque dejando caer sobre Glaucón toda la molestia de un discurso insistente y zumbante. Sócrates, severo crítico de lo irracional y fanático, digámoslo así, de los discursos con toques de ironía, le responde con la famosa tesis del *Estado afiebrado:*

---

18 Por ejemplo, cf. Platón, *Banquete,* 214a-220a.

—Pero entonces, ¿qué es necesario hacer, Glaucón? —inquirí.

—Lo que se acostumbra —respondió—: que la gente se recueste en camas, pienso, para no sufrir molestias, y coman sobre mesas manjares y postres como los que se dispone actualmente.

—Ah, ya comprendo —dije—. No se trata meramente de examinar cómo nace un Estado, sino también cómo nace un *Estado lujoso*. Tal vez no esté mal lo que sugieres; pues al estudiar un Estado de esa índole probablemente percibamos cómo echan raíces en los Estados la justicia y la injusticia. A mí me parece que el verdadero Estado —el Estado sano, por así decirlo— es el que hemos descrito; pero si vosotros queréis, estudiaremos también el *Estado afiebrado*; nada lo impide. En efecto, para algunos no bastarán las cosas mencionadas, según parece, ni aquel régimen de vida, sino que querrán añadir camas, mesas y todos los demás muebles, y también *manjares*, perfumes, incienso, cortesanas y *golosinas*, con todas las variedades de cada una de estas cosas. Y no se considerarán ya como necesidades solo las que mencionamos primeramente, o sea, la vivienda, el vestido y el calzado, sino que habrá de ponerse en juego la pintura y el bordado, y habrá que adquirir oro, marfil y todo lo demás. ¿No es verdad?

— Sí —contestó.

—Entonces, ¿no será necesario agrandar el Estado? Porque aquel Estado sano no es ya suficiente, sino que debe aumentarse su tamaño y llenarlo con una multitud de gente que no tiene ya en vista las necesidades en el Estado. Por ejemplo, toda clase de cazadores y de imitadores, tanto los que se ocupan de figuras y colores cuanto los ocupados en la música; los poetas y sus auxiliares, tales como los rapsodas, los actores, los bailarines, los empresarios; y los artesanos fabricantes de toda variedad de artículos, entre otros también de los que conciernen al adorno femenino. Pero necesitaremos también más servidores. ¿O no te parece que harán falta pedagogos, nodrizas, institutrices, modistas, peluqueros, y a su vez *confiteros y cocineros*? Y aún necesitaremos porquerizos. Esto no existía en el Estado anterior, pues allí no hacía falta nada de eso, pero en este será necesario. Y deberá haber otros tipos de ganado en gran cantidad para cubrir la necesidad de comer carne. ¿Estás de acuerdo? (372c-373c)

Un Estado en el que la alimentación es variada, donde hay de todo para comer —como el nuestro— es para Platón un Estado afiebrado, un Estado enfermo. Sin duda es posible estar de acuerdo con Platón en este diagnóstico, pero lo que nos interesa mostrar es una cuestión de orden más bien formal: cómo una fuerte normatividad asociada a la alimentación es necesaria para no caer en el Estado afiebrado o, dicho de otra manera, cómo no es posible sostener una tesis sobre la república ideal platónica sin una dietética explícita, cuya pretensión es que sea de aplicación común para todos los ciudadanos, casi como parte de una política pública. Pues un régimen político debe contar con un régimen alimentario adecuado, que conserve las mismas notas de la noción de «régimen». Como lo describe Michel Foucault, la dieta en cuanto régimen caracteriza la forma en que se maneja la existencia y permite fijar un conjunto de normas para guiar la conducta.[19] Y este conjunto de normas es para Platón, quien sin duda sigue a Hipócrates en esto, un modo de problematizar el comportamiento en función de una naturaleza que hay que preservar y a la que conviene conformarse.[20] La dieta, tal como la consideraba el médico más antiguo del que se tiene noticia, involucraba también los ejercicios, el cuerpo y las relaciones sexuales. Se trata en general de un modo de normar, regular y medir mediante el criterio más amplio posible: la naturaleza, *physis*. Cuál haya sido la idea

19 M. Foucault, *Historia de la sexualidad 2. El uso de los placeres*, Buenos Aires, Siglo XXI, 2019, p. 110.
20 *Ibid.*

de naturaleza que tenían como referente normativo tanto Hipócrates como Platón es algo aún discutible para los estudiosos de la Antigüedad; pues mientras el primero considera que el paso del animal al humano se lleva a cabo justamente por una «ruptura de la dieta»[21] que nos aleja de la naturalidad, para el segundo la naturaleza está en relación con eso que solo el humano puede hacer: gobernar o, dicho de otro modo, razonar y controlar razonando. Es muy interesante notar cómo nuestras propias dietéticas actuales adolecen de este mismo problema, pues aunque podamos encontrar discursos que llamen a comer productos «naturales», cada día nos resulta más difícil saber con certeza dónde está el límite de esa «naturaleza» cuyas normatividades propias podrían salvarnos de caer en un Estado afiebrado. Las alternativas que hoy se nos presentan a la hora de construir un régimen dietético sostenible se ven tensionadas entre un conservadurismo naturalista y una tendencia a valorar el placer como elemento central de un modo de vida sin represiones excesivas ni reglas universales.

El Estado afiebrado para Platón, notémoslo, es también un Estado lujoso; lujoso entendido desde una cierta perspectiva naturalista: que crea y, en ese sentido, cubre más necesidades que las naturales. Un Estado sano, entonces, es un estado austero, podríamos decir, aunque la palabra más correcta respecto de los usos lingüísticos de los antiguos es nuevamente «natural». El llamado padre del hedonismo antiguo y heredero del estilo socrático, Epicuro, que ha sido manipulado más de alguna vez para alejarnos del sentido original de su doctrina del placer, es otro pensador que rechaza la constante creación de deseos «no naturales». En su famosa *Carta a Meneceo*,[22] nos entrega justamente lo que en Platón nos falta: una tipología

---

21   *Ibid.*, p. 108.
22   Epicuro, «Carta a Meneceo», ONOMAZEIN 4, 1999, p. 413 y ss.

de los deseos según su cercanía y lejanía con esa «naturaleza» escurridiza. La primera distinción es entre deseos naturales y deseos «vanos». Siguiendo a Pablo Oyarzún, los deseos vanos (*kenaí*, ni naturales ni necesarios) «son aquellos que infringen el límite preestablecido por la naturaleza. Tal es la característica, en general, de los deseos que persiguen de manera obsesiva la variación de los placeres, que precisamente se pierde en lo ilimitado».[23] Por su parte, los deseos naturales se dividen a su vez en dos categorías: necesarios y solo naturales, donde los primeros lo son tanto para la felicidad, para la ausencia de malestar del cuerpo y para la vida misma. A qué se refiere Epicuro con cada una de estas categorías es sin duda difícil de establecer a ciencia cierta, pero Oyarzún nos da algunas claves: «Necesarios *(anankaîai)* son los deseos cuya satisfacción "hace cesar el dolor" *(tàs algedónos apoloúsas)*», mientras que los solo naturales *(physikaì mónon)* son aquellos deseos que apuntan al placer de los sentidos (vista, audición, tacto, sabor y olor). Se cuentan entre estos el deseo sexual y el deseo de belleza.[24] Esta clasificación quizás pueda ser útil para entender algunos de los sentidos que en la Antigüedad se daban a los deseos adecuados a la naturaleza como distintos de aquellos alejados de esta. Sin embargo, es necesario considerar que Epicuro escribe sus epístolas con al menos un siglo de diferencia respecto de Platón, además de ubicarse en una perspectiva filosófica radicalmente opuesta (materialismo *vs.* el idealismo platónico). Aun así, referimos a Epicuro porque, como sugerimos al inicio de estas líneas, su doctrina hedonista es hoy para el occidental común muy distinta de lo que aparece ideado en sus escritos (fragmentarios, por cierto). Pues aunque postula que el placer es el fin último de la vida, fin que por definición es lo más deseable por

23 P. Oyarzún, en Epicuro, «Carta a Meneceo», *op. cit.*, p. 414.
24 Epicuro, «Carta a Meneceo», *op. cit.*, p. 414.

sí mismo y que hace deseable todo lo demás,[25] este no constituye una doctrina del exceso sensual. Como él mismo lo declara en la *Carta* que veníamos citando:

> Entonces, cuando decimos que el placer es el fin, no hablamos de los placeres de los disolutos ni a los que residen en el goce regalado, como creen algunos que ignoran o no están de acuerdo o que interpretan mal la doctrina, sino de no padecer dolor en el cuerpo ni turbación en el alma. Pues ni las bebidas ni los banquetes continuos, ni el goce de muchachos y mujeres, ni de los pescados y todas las otras cosas que trae una mesa suntuosa, engendran la vida grata, sino el sobrio razonamiento que indaga las causas de toda elección y rechazo, y expulsa las opiniones por las cuales se posesiona de las almas la agitación más grande.[26]

Se trata en el fondo de una doctrina del buen razonamiento sobre la acción, en vistas de conseguir lo que formalmente es siempre el fin de una vida buena: la quietud del alma, *ataraxia*. Buscar el placer como fin último de todos los deseos consiste en razonar suficientemente bien como para no elegir placeres que nos provoquen desesperación o ansiedad; consiste en elegir placeres que no sean a su vez causa de dolores aún mayores. Cuestión, por lo demás, muy razonable, pero no por eso explícita o materialmente normativa: Epicuro nunca nos dice qué debemos desear o elegir, solo nos da claves para saber cómo debemos hacerlo. No nos dice, como Platón, que debemos comer semillas sobre la hierba descalzos, sino que nos llama a ponerle atención al cálculo que hacemos cada vez que tenemos un deseo y nos vemos enfrentados a elegir cómo satisfacerlo. Un Estado afiebrado sería —quizás— para Epicuro, uno en el que los ciudadanos no

---

25 Aristóteles, *Ética Nicomáquea, op. cit.,* 1097b y ss.
26 Epicuro, «Carta a Meneceo», *op. cit.,* p. 420.

han reflexionado sobre cómo han de elegir. Y esto puede entenderse de dos maneras: tanto un Estado donde no se ha entrenado el razonamiento práctico como un Estado que cuenta con demasiadas normas explícitas, tal que deja muy poco espacio a la deliberación personal. Al igual que Aristóteles,[27] Epicuro es un pensador de la prudencia *(phrónesis)*, es decir, de la excelencia del intelecto práctico que le permite sopesar, calcular, deliberar; ajustar lo particular del caso a lo universal del razonamiento; aplazar fines inmediatos por otros de más largo plazo, etc. Es decir, es un pensador del buen razonamiento sobre la acción, mas no un pensador de leyes o normas. En este sentido, cabe preguntarse si Epicuro caería en la criminalización de prácticas que no se ajusten con un régimen determinado de vida.

No responderemos a esta pregunta, pues excede las posibilidades de este estudio; pero sí remitiremos nuevamente a Platón y su imagen del Estado afiebrado: sabemos que dentro de este tienen cabida muchas profesiones, entre ellas la del cocinero, la del repostero, la del ganadero, así como también poetas, estilistas y los famosos oradores o, como los llamaban despectivamente algunos filósofos, sofistas. Es posible preguntarse qué tienen que ver los poetas, los actores, los bailarines, los artesanos, los fabricantes de toda variedad de artículos, las nodrizas, los pedagogos, las institutrices, los modistos y los peluqueros con los confiteros, cocineros y ganaderos. Como ya hemos expuesto más arriba, todo parece derivarse de la expulsión primaria del sofista de la república, que va de la mano con la expulsión del poeta y del artista. Porque, para Platón, todos aquellos personajes que imitan a la naturaleza sin servirla (por decirlo de alguna manera) son peligrosos embusteros que nos entregan una falsa imagen de lo que naturalmente es el mundo y nosotros mismos. Dentro de toda esta línea de gente que

---

27 Aristóteles, *Ética Nicomáquea, op. cit.*, 1140a25 y ss.

solamente es útil en un Estado lujoso y afiebrado, es decir, que solo imita y engaña sobre lo natural, están también los cocineros. Pero, a diferencia de *Gorgias,* en *La República* ya no se trata de hablar de la cocina solo con ánimos retóricos, para producir una analogía; la dieta es explícitamente fijada según normas que no son solo formales, es decir, que no nos enseñan —como el epicureísmo— únicamente a elegir; la dieta es expuesta aquí según reglas que nos dicen qué debemos comer y qué no, de la misma manera que nos dicen de modo muy explícito quiénes son útiles para un régimen político ideal y quiénes no.

En *La República* encontramos, entonces, un discurso fundacional sobre el régimen ideal de vida y sobre la dietética que lo acompaña. Es el primer gran texto sobre política que incluye un pasaje sobre la alimentación, y es también el primero que la empalma con el gobierno, normándola de modo estricto bajo el criterio de la «vida natural». Todo esto nos tendría que hacer reflexionar respecto de nuestra relación con la comida, porque en la medida en que para Platón el Estado que no sigue el régimen dietético propuesto es llamado «afiebrado», es decir, también «enfermo», queda inmediatamente excluido de cualquier reflexión propiamente filosófica. ¿Es que acaso hemos heredado de Platón este maniqueísmo que hace que lo que no se adecúa a normas explícitas y estrictas quede clasificado de entrada como «enfermo»? ¿Qué consecuencias trae esto en el nivel alimentario, en el que ciertas formas de dieta, aun si no generan daños objetivos y significativos sobre el cuerpo, son tildadas sin más de enfermas? Ciertamente, el polémico debate actual sobre si la obesidad es o no una patología, debate ya zanjado científicamente contra toda forma de *gordofobia*,[28] es parte de lo que

---

28 Véase, entre otras fuentes, el temprano estudio de 1993 de B.E. Robinson, J.G. Bacon y J. O'Railly, «Fat Phobia: measuring, understanding, and changing anti-fat attitudes», *International Journal of Eating Disorders,* 14 (4), 1993, pp. 467-480.

hoy debemos analizar como herencia inconsciente: herencia sin recepción que, sin embargo, opera a contrapelo de la voluntad y la conciencia —incluso si es histórica— produciendo, en muchos casos, más violencia de la que se bloquea cuando nos negamos a identificarnos con una tradición específica.

La relación entre el mal moral, por así decirlo, entre no seguir atentamente las reglas y la enfermedad, está también en relación —aunque no de identidad— con la idea de vicio *(kakía)*, como opuesto a la virtud *(arethé)*. Si nos volvemos ahora a la teoría de la virtud en Aristóteles, quien probablemente razonó sobre ella de modo más extensivo y completo en la Antigüedad, podemos sacar algunas conclusiones más sobre esta relación no-idéntica. La virtud, en la teoría de Aristóteles, no es más que un buen hábito *(héxis)*, es decir, una disposición habitual que, en relación con el carácter de los agentes, permite sostener en la acción y la pasión un punto medio entre dos extremos defectuosos. Estos extremos son los vicios, y pueden darse por exceso o por defecto, o como dice Aristóteles en *Ética a Nicómaco*, «por no alcanzar, en un caso, y sobrepasar, en otro, lo necesario en las pasiones y acciones, mientras que la virtud encuentra y elige el término medio» (1107a). A partir de esta teoría general, Aristóteles clasifica diversas formas de virtud y de vicio a lo largo de sus tratados de ética, entregándonos un esquema básico de hábitos buenos. Uno de dichos hábitos de los que Aristóteles se ocupa con dedicación es la moderación *(sophrosyne)*, cuya contracara viciosa es la intemperancia *(akolasía)*. Aquí encontramos las referencias directas a la alimentación y su vinculación con la patología: la moderación y la intemperancia, dice Aristóteles, son un par virtud/vicio que se refieren específicamente a los placeres corporales de dos sentidos corporales y a sus objetos, el gusto y el tacto. Dos sentidos cuyos placeres persiguen también los demás animales —lo que no ocurre en el caso de los placeres de los demás sentidos, como la vista y el oído; por ello, Aristóteles no tarda en sugerir que parecen ser «serviles y bestiales» (1118a25)—. El exceso en la persecución de estos placeres gustativos y táctiles constituye, entonces, el vicio de la intemperancia o inmoderación, lo que posteriormente se tipifica en la Edad Media como los pecados de gula y lujuria. Para entender esta configuración, es importante establecer una pequeña distinción: para Aristóteles, aunque la glotonería sea una forma de intemperancia, el gusto no es realmente el sentido que induce a este vicio por exceso, sino realmente el tacto; el gusto sirve solo para discernir los sabores, como «lo que hacen los catadores de vinos y los que sazonan los manjares» dice; y agrega, «pero no experimentan placer con ello». El placer asociado a la ingesta de comida y bebida —y también el placer sexual— es realmente uno: el que proviene de los objetos del tacto, que a su vez está más directamente asociado a lo que ocurre en la garganta del que come, que en su lengua. En efecto, para Aristóteles los inmoderados en la alimentación pedían «a los dioses que su gaznate se volviera más largo que el de una grulla, creyendo que experimentaban el placer con el contacto» (1118a25); y en otro pasaje dice que los glotones «no piden tener lengua grande, sino una garganta de grulla, como hacía Filóxeno, hijo de Erixis».[29]

Vemos cómo la gula o la inmoderación a la hora de comer es sobre todo un vicio del sentido del tacto y que la enfermedad moral asociada a la ingesta no tiene relación para Aristóteles con la cualidad de los alimentos que se ingiere, sino más bien con su cantidad. No se trata, entonces, de saber cuáles alimentos son buenos y cuáles malos, sino de medir ante todo las cantidades de dichos alimentos. El punto medio de las acciones y placeres asociados a estos sentidos refiere a una cantidad moderada de alimentos y no a si estos son más o menos naturales. Como lo

---

29 Aristóteles, *Ética Eudemia*, Madrid, Gredos, 1985, 1230b25.

señala el ejemplo 1160b de *Ética a Nicómaco*, «pues si para uno es mucho comer diez minas de alimentos, y poco comer dos, el entrenador no prescribirá seis minas, pues probablemente esa cantidad será mucho o poco para el que ha de tomarla: para Milón, poco; para el que se inicia en los ejercicios corporales, mucho». De este singular pasaje, en primer lugar, no deja de inquietarnos que, al igual que en Platón respecto del gobierno del deseo, el ejemplo primario de Aristóteles para explicar el hábito excelente sea un ejemplo alimentario. En segundo lugar, que lo moderado para Milón de Crotona, atleta del siglo VI a.c., ganador de varios Juegos Olímpicos y famoso por su fuerza extraordinaria,[30] no sea una dieta compuesta de tal o cual alimento específico, sino una cuestión de medida cuantitativa, nos entrega un criterio dietético alternativo: ni platónico ni epicúreo, lo que ciertamente abre nuevas posibilidades de reflexión. Por último, que no sea el gusto, sino el tacto, el sentido realmente culposo y culpable de la inmoderación ética nos impone ahora la revisión de las grandes filosofías sobre los sentidos corporales, tan comunes en el pensamiento antiguo.

La jerarquía de los sentidos

Como lo señala Carolyne Korsmeyer en su texto *Making sense of taste*,[31] el proyecto platónico-aristotélico de entregar criterios para distinguir las cuestiones dignas de atención filosófica tuvo un fuerte impacto en las reflexiones sobre los sentidos corporales, especialmente sobre el gusto. La autora constata, en una detallada investigación filosófica, cómo el gusto —acompañado

---

30   Cf. Nota de J. Pallí Bonet, en Aristóteles, *Ética Nicomáquea, op. cit.*, p. 169.
31   C. Korsmeyer, *Making Sense of Taste. Food and Philosophy*, Ithaca, Cornell University Press, 1999.

usualmente del olfato— es el sentido que menos atención recibe en el supuesto origen histórico de la filosofía, generando un legado de marginación en las reflexiones posteriores. Lo primero a observar es un gesto de distinción y jerarquización de los cinco sentidos, que en Platón tiene lugar sobre todo en *La República*, mientras que en Aristóteles, al comienzo de su *Metafísica*. Estas jerarquías de los sentidos están orientadas, como decíamos, a ordenar los cincos sentidos según un claro criterio intelectualista: los que actúan de manera más directa en la producción del conocimiento y en la actividad intelectual son los sentidos más valorados; los que influyan en menor medida, nulamente o incluso de modo amenazante, serán desplazados a los últimos lugares de la jerarquía. Veremos cómo, según este criterio de corte epistemológico, el gusto no solo se encuentra en un lugar inferior a los sentidos de la vista y el oído, sino además cómo esta denigración tiene que ver con un nulo valor dado a su función cognitiva.

Korsmeyer es también muy aguda en constatar que dicha jerarquía se establece frecuentemente a partir de ciertas analogías o metáforas: en Platón es conocida la analogía entre el ojo y el intelecto, y entre la luz del sol, la inteligibilidad y las ideas —la relación entre *eidos* como imagen y *eidos* como idea es, en este punto, decisiva—. En el mito de la caverna expuesto por Platón en *La República* (508a), el sentido de la vista parece resaltar frente a los demás, específicamente porque se plantea como análogo a la operación del intelecto. Lo que permite dicha analogía hay que buscarlo, sin embargo, en otro texto. En *Timeo* (47a-b), Platón parece sugerir que las observaciones visuales propician no solo el conocimiento, sino también su empalabramiento: conceptos y palabras no habrían nacido si no fuésemos capaces de *ver* todas aquellas cosas que nombramos. Lo mismo sucede con las descripciones sobre el paso del tiempo a través de los números, que parecen tener su fundamento en la observación constante del cambio entre el día y la noche. Gracias a esta percepción, dice Platón, hemos obtenido la filosofía cual regalo de los dioses; sin embargo, nota también Korsmeyer, «no está claro por qué la vista ha de promover la filosofía».[32] El argumento más concluyente parece ser que la percepción visual puede abarcar un gran número de objetos, posibilitando el razonamiento clasificatorio de aquello que se ve. Es, por ello, el sentido menos corpóreo de todos, pues su alta capacidad de virtualización lo hace el coadyuvante más efectivo de la operación intelectual.

Dicho poder de virtualización es la capacidad de transformar o traducir lo material en formas sensibles e inteligibles; o, como dice Aristóteles, lo que permite «percibir las formas sin que la materia esté presente, igual que un pedazo de cera muestra la huella de un sello cuando la presión del metal ya ha cesado» (*De Anima*, 424a18-21). Si bien todos los sentidos son para Aristóteles potencias virtualizantes, la vista es la mejor dispuesta para dicho proceso. Esta cualidad proviene de su gran ventaja sobre los otros sentidos: las afecciones visuales, si bien impactan el cuerpo, no lo modifican. El objeto visto y el ojo que lo observa se mantienen siempre a distancia, sin contacto directo, permitiendo así la objetividad de la percepción visual, cuestión que también sucede con las afecciones auditivas. El tacto, el olfato y el gusto adolecen justamente de este problema al requerir el contacto entre sujeto y objeto y, en el caso del gusto y el olfato, incluso la *mezcla química* entre ambos, no propician el conocimiento; solo permiten la opinión subjetiva y gatillan el deseo de placer. O, como señala Hegel en la *Estética*, el gusto es descartado como sentido idealizante, pues su relación con el objeto que se interioriza es de «consumación que disuelve la objetividad en la interioridad».[33] De ahí que estén epistémica y hasta moralmente

---

32 *Ibid.*, p. 16.
33 J. Derrida, *Marges de la philosophie*, París, Minuit, 1972, p. 108.

emparentados con el peligro, pues llevan a falsas percepciones de la realidad y obstaculizan el progreso moral hacia la virtud, generando incontinencia *(akrasia)* y vicio.

El *De Anima* o *Tratado sobre el alma* es, probablemente, uno de los textos más ricos dedicados a la percepción sensorial en la Antigüedad. Si bien en él Aristóteles aborda diversas materias concernientes al alma —tanto humana como animal—, el apartado dedicado a los sentidos (libro ii, capítulo v) ha marcado buena parte de la reflexión posterior en filosofía. Lo primero que constata Aristóteles es que la sensación en general es «cierto movimiento y cierta pasión, porque parece ser cierta alteración cualitativa» (417a). En efecto, en el sentir confluyen movimiento y receptividad, es decir, acción y pasividad, que llegan a producir un cambio, ya en el alma misma, ya también en el cuerpo. Sin embargo, si existe movimiento en la sensación, este no proviene, ciertamente, del sentido: son «facultades» o potencias pasivas, es decir, meramente receptivas de aquello con lo que se relacionan. Sus objetos, que son siempre diferentes de los sentidos mismos, son los que permiten poner en acto a las potencias sensoriales, condicionando así la recepción de los datos de la percepción mediante un proceso que los hace, de algún modo, «semejantes» a dichos objetos. Una cierta tesis de semejanza intencional opera en esta explicación, y el movimiento y cambio descritos en un principio tienen que ver específicamente con este proceso de devenir semejantes por parte del sentido y su objeto. «Todas las cosas padecen y se mueven por el influjo, en cierto sentido, de lo semejante, y en cierto sentido de lo no semejante, que, una vez alterado, es ya semejante», dice Aristóteles (417a20). Esto significa, en síntesis, que si bien nacemos con la potencia de sentir, del mismo modo que con la potencia de adquirir conocimiento, no sentimos ni adquirimos conocimiento sino hasta que entramos en contacto con algo que pone en acto dicha potencia original. En el caso de la sensación, lo que la pone en acto es el objeto adecuado al sentido, respecto del cual el sentido es *potencialmente* semejante —lo visible respecto de la vista, por ejemplo—; pero en todo momento particular, la sensación es actualmente no semejante a su objeto hasta que entra en contacto con dicho objeto; es entonces que la potencia y pasividad original se vuelve actual y se «altera» o cambia, siendo este cambio un proceso por el cual el sentido se vuelve ahora *actualmente semejante* a su objeto propio.

Todo esto tiene que hacernos notar que la explicación de la actividad sensorial y su consecuente especificación en los cinco sentidos proviene de una explicación metafísica, a saber, aquella basada en el binomio jerárquico acto-potencia. Es la pasividad originaria, la potencia de ver, la que debe ser puesta en acto por algo exterior a sí misma, que solo una vez actualizada «incorpora» esa naturaleza exterior para asimilarse a ella. Aristóteles es enfático cuando señala que la sensación es por esto siempre singular y exterior, pues solo se sienten objetos ubicados en un aquí y un ahora concretos, que son radicalmente distintos en su naturaleza respecto del sujeto de la sensación. Esto no sucede con el conocimiento, pese a las múltiples analogías que puedan establecerse entre vista e intelecto: el conocimiento, que en principio también está en potencia en los sujetos, se gatilla en una situación particular, pero es de entrada universal, es decir, genérico; para Aristóteles, estos universales se encuentran en el alma, y es por eso que en el conocimiento lo que se altera en la actualización es más el objeto conocido que la facultad cognoscente. Esto supone que el conocimiento, si bien es potencial del mismo modo en que se dice que «un niño puede mandar un ejército» —cuando sea adulto—, es siempre en su proceso actual, y no se deja alterar por su objeto mediante un proceso que vuelva al alma semejante al objeto. Al contrario, como dice Tomás de Aquino, es lo conocido lo que está en el cognoscente al modo del cognoscente,[34] no dejando espacio mayor a la pasividad. Desde esta perspectiva, todos los sentidos son inferiores al conocimiento, pues todos tienen una naturaleza pasiva, mientras que el intelecto es siempre actividad. De ahí que sea correcto establecer, como lo hace también Korsmeyer, una relación entre la dominación del intelecto sobre los sentidos y la del hombre sobre la mujer: pues la actividad es una cualidad de lo masculino y la pasividad o receptividad, de lo femenino.[35]

Sin embargo, en la jerarquía de los sentidos, lo veíamos, hay ciertas percepciones que valen más que otras. Una distinción entre sentidos mayores y sentidos menores se encuentra ya en Kant.[36] La vista y el oído, como sugeríamos, son los sentidos mayores. El gusto, el olfato y, a veces, el tacto forman parte de los sentidos llamados menores. Salvo en algunos casos muy específicos, a los que llegaremos con especial interés, esta jerarquía se mantiene intacta en la historia posterior de la filosofía. Como mostrábamos, el caso de la vista es paradigmático para los griegos, y tanto la relación entre *eidos* como imagen y como idea, como la variedad de metáforas lumínicas utilizadas para explicar las funciones y condiciones del intelecto, dan cuenta de ello. En segundo lugar habíamos señalado al sentido del oído que, como sentido que opera a distancia, permite la objetividad de la relación de conocimiento. Sin embargo, al representar la realidad en el orden de la sucesión, el oído tendría que sucumbir y subordinarse —sobre todo para un filósofo griego— al modelo espacial de la coexistencia propia de la imagen

34 Tomás de Aquino, *De veritate, Quaestio II.* Cf. http://www.corpusthomisticum.org/qdvo2.html

35 C. Korsmeyer, *Making Sense of Taste, op. cit.*, pp. 30-37. Para profundizar en las asociaciones platónico-aristotélicas entre la feminidad y la pasividad, véase E. Bianchi, *La naturaleza en disputa. Physis y eros en el pensamiento antiguo*, Valparaíso, Hueders-Instituto de Filosofía PUCV, 2022.

36 Cf. I. Kant, *Antropología en sentido pragmático*, México, FCE, 2014.

visual, en la que operaría la necesaria reducción del tiempo a la presencia, condición de la generalidad de las idealidades. Pero el oído es también primordial en la filosofía de otro modo. Aquello que Jacques Derrida llama «logocentrismo» no es sino el primado de la percepción auditiva y del sentido del oído en la configuración trascendental de la filosofía. El logocentrismo, metafísica de la escritura fonética, en palabras de Derrida,[37] se manifiesta en el primado lingüístico de la fonación, que da lugar a las lenguas alfabéticas y al modelo de la escritura fonética, ambas constitutivas de Occidente. Su causa sería, en todo caso, de otro orden de experiencia.

Resulta que, ya desde los escritos platónicos, especialmente *Teeteto* y *Sofista,* el pensamiento, y sobre todo la experiencia que cada uno de nosotros —cada «yo»— tiene de su propio pensamiento no es sino la de un oírse hablar. El pensamiento es *un diálogo interior y silencioso del alma consigo misma,* decía Platón.[38] Esta autoafección, que se produce cuando sentimos nuestro pensamiento, se describe en términos auditivos, aun cuando, sabemos, no es una verdadera voz la que nos habla cuando nos relacionamos con nosotros mismos. Esta estructural metáfora sensorial hizo del oído el sentido privilegiado para la Modernidad filosófica, que abandonando ya el primado metafísico de la *ousía,* entendió la necesidad de tomar en cuenta el tiempo de nuestro propio pensamiento, el tiempo como constitutivo del acto de pensar, conocer y conceptualizar. Ya en Kant la consigna de que el tiempo es la forma de todos los fenómenos, porque es en primer lugar la forma de los fenómenos internos, da cuenta —también en la tesis de Heidegger—[39] de la fundamental autoafección que la existencia en cuanto tem-

37 J. Derrida, *De la grammatologie*, París, Minuit, 1967, p. 11.
38 Platón, *Teeteto* 1898e y *Sofista* 263e.
39 Cf. M. Heidegger, *Kant y el problema de la metafísica*, México, FCE, 1986.

poral genera sobre sí misma. Sin esta autoafección que garantiza la inclusión del tiempo en las condiciones de posibilidad *a priori* de la experiencia, ningún fenómeno podría darse. Pero es sobre todo en Hegel donde Derrida encuentra este primado del oído, asociado esta vez de modo directo a la clásica marginación del gusto. Derrida muestra, en el análisis que hace de la semiología hegeliana, cómo en esta, al ser parte de la psicología, el signo es una entidad cuya sustancia es fónica. Cuestión luego literalmente repetida, aunque no citada, por Ferdinand de Saussure,[40] esta tesis se funda en Hegel en el movimiento mismo de la constitución del signo, dada por una dinámica de interiorización idealizante de lo exterior, que es también movimiento de temporalización, proceso que lleva a cabo la imaginación y el entendimiento. Al producirse como voz, el signo y la significación se producen como movimiento vivo, tal como Platón pensó el movimiento del *logos* en cuanto *zôon*. La vida de la voz articulada en signo reproduce también para Hegel la dinámica de la dialéctica especulativa, cuya historicidad constitutiva la mantiene siempre en un movimiento de despliegue, de superación, que es también conservación. Como sabemos, Hegel fue crítico tanto de las formas de entender la significación en culturas preespirituales como del lugar que dieron a la notación formal algunas teorías epistémicas de la temprana Modernidad, siendo paradigmática la de Leibniz. En ambas teorías, la vida del signo, que no puede reducirse a su cara significante —como diría Saussure— restando pura materialidad inanimada, sucumbe ante lo muerto exterior, espacial, tanto de la estructura simbólica del signo como del formalismo de tipo matemático: ambas maneras de significación primitivas, la primera más propia de la cultura egipcia, la segunda —más

---

40 F. de Saussure, *Curso de lingüística general*, Buenos Aires, Losada, 1945. Especialmente «Apéndice: Principios de fonología».

avanzada porque niega la naturalidad del símbolo, mas no la exterioridad espacial de la notación formal— es en principio propia de la cultura china, y solo luego es tomada y reconfigurada por alguien como Leibniz.[41] Solo Occidente, para Hegel, ha logrado producir el signo a la altura histórica del espíritu absoluto: como voz articulada, en el orden de la sucesión, ritmando y marcando el paso del tiempo; voz interior, ideal, un paso más lejos de la fluidez de las figuras *(Gestalten)* de la conciencia y uno más cerca de la racionalidad total del concepto.[42]

Sin embargo, lo que más nos interesa de estos análisis de Derrida sobre Hegel, y que hemos expuesto ya en otros lugares,[43] es cómo, a pesar de este primado del oído en el sistema, el gusto parece adquirir cierta preeminencia si lo miramos desde otra perspectiva. En efecto, señalábamos más arriba el modo en que Hegel entendía el gusto y cómo bloqueaba todas sus funciones en el proceso de idealización. Aun así, en una entrevista de 1990, Derrida dice lo siguiente:

> En *Glas,* mi trabajo sobre Hegel, ya estaba interesado en las figuras de la incorporación que se pueden encontrar en el pensamiento especulativo —la misma noción de la comprensión como un tipo de incorporación—. [...] Esta asimilación opera como un tipo de comer sublimante —el espíritu come todo lo que es externo y extranjero, y así lo transforma en algo interno, algo propio—. Todo debe ser incorporado en el gran sistema digestivo —nada es incomible en el infinito metabolismo de Hegel.

---

41 J. Derrida, *Marges de la philosophie, op. cit.*, p. 119.
42 Hemos trabajado estas cuestiones con sede en G. W. F. Hegel, *Fenomenología del Espíritu,* Madrid, Abada, 2010, especialmente su «Introducción».
43 Cf. nuestros trabajos «Génesis del trabajo de duelo en *Glas* de Jacques Derrida», *Anales del Seminario de Historia de la Filosofía,* 2023; *Dialectofagia y ¿Analogía en Hegel? Una lectura desde Jacques Derrida,* Conferencias para la Sociedad Iberoamericana de Estudios Hegelianos, 2020.

«La dialéctica es dialectófaga», dice también Derrida en un punto álgido de su análisis del sistema de la filosofía hegeliana en su texto de 1974, *Glas*.[44] Una estructura de incorporación de tipo alimentario, que es además de tipo asimilativo, es propia de toda la lógica dialéctica del sistema hegeliano, que podría hacer que el gusto se alce ahora como sentido primordial de la idealización por sobre el oído: si bien el gusto era descartado en la *Estética* como sentido idealizante, Derrida muestra cómo la idealización hegeliana es incorporativa e introyectiva de lo que, en principio, reviste un aura de exterioridad —aunque no sea más que el espíritu en su etapa fuera de sí—. El despliegue dialéctico del espíritu puede así entenderse como un progresivo movimiento de interiorización de la alteridad, que tiene como punto de llegada un espíritu absoluto, es decir, absuelto de toda relación con lo que no es él. Dado que las alteridades primordiales del mundo que nos esforzamos estructuralmente por reducir a nuestra propia mismidad son los alimentos, no es descabellado leer este proceso de espiritualización y absolución en términos alimentarios: el espíritu absoluto es una gran estómago lleno. Sin embargo, las solicitaciones de Derrida al texto de Hegel no dejarán de intentar mostrar cómo, a pesar de la fe en la posibilidad completamente asimilativa de lo otro por parte del espíritu, este tenga que sufrir —inevitablemente, según el modelo de la vida— de episodios de indigestión: el sentido del gusto hegeliano no puede realmente dar lugar a una total objetividad de lo que asimila y, con ello, tampoco a una total desnaturalización de la naturalidad —del ser fuera de sí— del espíritu. Todas estas cuestiones están además engarzadas con la propia teoría derridiana sobre la función de la metáfora y la analogía en el discurso filosófico, que no solo permitirían estas comparaciones entre filosofía y comida, sino que serían, además, ellas mismas —las metáforas y analogías—, de

---

44   J. Derrida, *Glas*, París, Galilée, 1974, p. 15.

estructura incorporativa. Como dice Derrida en un escrito aún inédito al que hemos tenido acceso, «El concepto de metáfora y de metaforización podría designar, de manera equívoca, a la vez *uno* de estos modelos de importación, una forma, entre otras, de estos préstamos o contrabandos y, simultáneamente, *la forma general de la introyección de un elemento alógeno en el discurso filosófico*».[45] El caso de Hegel se incluiría entre aquellos que han utilizado la metaforización como lógica de la filosofía, lógica que además reproduce formalmente las dinámicas de incorporación. La lógica de la filosofía sería, para Derrida, ella misma una lógica de incorporación de lo otro, de lo ajeno, que luego se somete a un proceso de asimilación donde todo lo que no puede reducirse es eliminado como resto.

Predecesor de Hegel en esta y otras materias, podríamos decir que Kant es el verdadero pensador idealista moderno del gusto. ¿Pero, cómo? Si bien es cierto que Kant es un continuador de esta jerarquía de los sentidos que pone al olfato y al gusto como sentidos menores, es necesario hacer algunos contrapuntos. En primer lugar, que Kant expulse al olfato y al gusto hacia las bajas capas de la sensorialidad es posible gracias a la naturaleza química de ambos sentidos. En la *Antropología en sentido pragmático*, texto publicado en 1798, Kant establece que la diferencia entre sentidos mayores —vista, oído, tacto— y menores —olfato y gusto— calza con la distinción entre sentidos mecánicos y químicos.[46] En el parágrafo 20 de la *Didáctica antropológica* se especifica esta cuestión respecto del gusto y el olfato. Allí señala que se trata de sentidos más subjetivos que objetivos, justamente

---

45 Seminario inédito *Théorie du discours philosophique. La métaphore*, de 1969-1970 (caja 10, archivo 8, sesión 1ra, p. 5, cf. http://hydra.humanities.uci.edu/derrida/uci.html). Para profundizar, véase nuestro trabajo *Comer al otro. Retóricas de la alimentación. Una lectura del seminario inédito Manger l'autre de Jacques Derrida (1989-1990)*, TRANS/FORM/AÇAO 43, 2020.

46 I. Kant, *Antropología en sentido pragmático, op. cit.*, p. 45.

porque requieren de contacto con lo sensible: el gusto, mediante la lengua, la garganta y el paladar; el olfato, «por la absorción de las emanaciones extrañas mezcladas con el aire». Ambos sentidos están emparentados, dice Kant, pues a quien le falta el olfato nunca tiene sino un gusto aturdido, y en ambos casos la afección sensorial parece darse por *sales (Salze)* (fijas y volátiles) que han de ser disueltas por los órganos corporales que les están asociados. Posteriormente, en el parágrafo 21, clasifica a los sentidos mayores como sentidos de la percepción *(Wahrnehmung)*, la cual es superficial *(oberflächlich)*, y a los menores como sentidos del goce *(Genusses)*, que son de íntima recepción *(innigste Einnehmung)*. Lo que sigue en estas líneas, más que profundizar en los caracteres esenciales de cada sentido, es en realidad una suerte de exploración fenomenológica del asco *(Ekel)* mediante una transfiguración metafórica del sentido: la cuestión de la «íntima recepción» permite a Kant analogar la ingesta de alimentos con la interiorización de los pensamientos de otra persona, mediante la comunicación. Así como el asco en sentido literal, en cuanto «excitación a deshacerse de lo degustado por el camino más corto del esófago (a vomitar)», se da cuando dicha recepción íntima es peligrosa para el animal, el asco análogo se da cuando la comunicación de pensamientos nos es impuesta por el otro sin ser provechosa como «alimento espiritual» *(Geistes-Nahrung)*, lo que genera repugnancia y deseos de liberarse de dicha imposición. Este asco se llama, por analogía, de la misma manera, aun cuando pertenece ahora al «sentido interno», dice Kant.[47]

Así como la función de estos sentidos es menor para Kant en lo que respecta a su aporte al conocimiento y a la enseñanza, su función metafórica parece otorgarle mayores rendimientos. Aparece nuevamente en las conclusiones de la *Crítica de la razón práctica*, cuando, tentado por seguir el mismo método de expo-

---

47 *Ibid.*, p. 46.

sición de las cuestiones naturales en cuestiones morales, a saber, el matemático, Kant opta más bien por uno químico: «Tenemos a la mano los ejemplos del juicio moral de la razón. Analizándolos en sus conceptos elementales y, a falta de *matemáticas,* realizando un procedimiento semejante al de la *química,* una *separación* de lo empírico y lo racional que pudiera encontrarse en ellos».[48] La química, ciencia del *ana-lysis,* de la división y la separación, es así el método más adecuado para la exposición de problemas morales, aunque, claro está, solo por analogía. Pero quizás la transposición analógica con más rendimientos la encontramos específicamente operando respecto del sentido del gusto. Volvemos así a la idea de que Kant podría ser, si no uno de los más grandes, quizás el más importante pensador idealista del gusto. Pues su teoría del arte, parte fundamental de la *Crítica del juicio* de 1790, está basada en una cierta idea del gusto, idea que formalmente no podría constituirse sino por el rodeo de una metafórica. Como sabemos, para Kant el juicio que nosotros hacemos sobre las artes y su belleza es un juicio de gusto, aunque, por supuesto, no se trata de un juicio de gusto en sentido literal. Cada vez que sentimos que una obra de arte «nos gusta», ¿a qué nos referimos? Ciertamente, Kant no está proponiendo que probemos, usando nuestra lengua, cuadros o esculturas, ¿no es verdad? El juicio de gusto es, en este sentido, metafórico y desmaterializado, basado en el modo amplio en que usamos cotidianamente la palabra «gustar».

Kant, al hacer del juicio sobre el arte bello un juicio de gusto, se inserta en una tradición de pensadores modernos sobre la estética cuyos más notables representantes son también Edmund Burke y David Hume. Ambos filósofos anglosajones, ambos fieles ciudadanos de la tierra del libre pensamiento, ambos publican también sus tratados sobre el gusto el mismo año,

---

48   I. Kant, *Crítica de la razón práctica,* México, FCE, 2011, p. 191.

1757.[49] Como representantes de lo que entonces pudo haber sido una moda, Burke y Hume se empeñan en llamar gusto a una facultad de la mente humana que, enraizada en el sentimiento, es capaz de proveer el material necesario para todo juicio estético —e incluso ético, en el caso de Hume—.[50] En ese sentido, se trata de pensadores que hacen del gusto la base de una verdadera teoría crítica. Más allá de los detalles de sus propuestas, nos interesa destacar una similitud entre sus reflexiones, precisamente una similitud que ya no encontramos en las meditaciones estéticas de Kant: en ambos casos, el gusto como facultad de juicio estético se reconfigura a partir de su analogía con el gusto corporal, ubicado en la boca.

Afamado es el pasaje de *Sobre el estándar del gusto* de Hume en el que cita el Quijote de Cervantes, específicamente la escena en que Sancho Panza se jacta de provenir de una familia de excelentes catadores de vino.[51] Allí, Sancho cuenta la anécdota según la cual, ante una botella de vino tan buena como añeja, dos de sus familiares no solo habrían realizado loables juicios sobre la placentera sensación que les produjo el vino, sino además unas muy detalladas y decisivas acotaciones críticas sobre este: el primer pariente habría encontrado un retrogusto similar al cuero, mientras el segundo habría hallado en su cata un cierto dejo metálico. Al escanciar la última gota de la fina botella, había en su interior lo que sería la última y más desafiante prueba para todo catador con paladar excepcional: una pequeña llave de hierro unida a una lengüeta de cuero. Hume utiliza este relato para mostrar cómo quien tiene un gusto de-

49 E. Burke, *Indagación filosófica sobre el origen de las ideas acerca de lo sublime y de lo bello*, Madrid, Alianza, 2014; D. Hume, *Of the Standard of Taste*, Indianápolis, Bobbs-Merrill, 1965.
50 Cf. D. Hume, *An Inquiry Concerning the Principles of Morals*, Indianápolis, Hacket, 1983, especialmente «Apendix: Concerning Moral Sentiment», pp. 88-92.
51 *Id.*, *Of the Standard of Taste, op. cit.*, p. 10.

licado evalúa de manera análoga a los parientes de Panza, a saber, poniendo atención a cada detalle, a cada sabor, «a pesar del desorden en el que se presentan».[52] Gustar es, ante todo, esa capacidad de discernir, separar y analizar, propia de quienes han entrenado su lengua con múltiples y extensas experiencias palatales, pues «donde los órganos son tan delicados como para permitir que nada se les escape, y al mismo tiempo tan exactos como para percibir cada ingrediente en la composición, a esto le llamamos delicadeza del gusto *(delicacy of taste)*, ya empleemos estos términos en su sentido literal o metafórico».[53] Burke, filósofo de herencia cartesiana, profundamente concernido con articular una teoría de las facultades mentales en conjunto con una teoría de los órganos del cuerpo, le dedica asimismo unas páginas de su *Indagación de los orígenes de nuestras ideas acerca de lo sublime y de lo bello* a realizar la misma comparación humeana entre el gusto como facultad mental «que forma un juicio acerca de las obras de la imaginación y las artes elegantes»[54] y el sentido del gusto corporal, de donde —asegura— dicha facultad ha tomado su nombre. Su reflexión muestra que utilizamos palabras del léxico del gusto, como amargo, dulce, agrio, etc., siempre en sentidos similares, aunque se lleven a otros contextos semánticos: «Todos concuerdan en llamar agradable a la dulzura y desagradable a la acidez». Esto termina por demostrar que existe «consentimiento de todos los hombres sobre las metáforas que se extraen del gusto».[55]

Esta relación de metaforicidad, como decíamos, en Kant está ausente. O, más que ausente, inexpresada. Pues el hecho de que Kant no reconozca que su propia filosofía del gusto está basada en una analogía con la degustación alimentaria, más

---

52   *Ibid.*, p. 11.
53   *Ibid.*
54   E. Burke, *Indagación filosófica, op. cit.*, p. 46.
55   *Ibid.*, p. 49.

que despreciar dicho proceder metafórico, parece inevitablemente profundizarlo: el juicio del gusto podría plausiblemente ser el resultado de la metaforicidad en su sentido más extremo, una catacresis entre el gusto estético de la contemplación artística y el gusto sensorial, podría ser lo que está aquí puesto en solapada obra. Como es sabido, la catacresis es una figura retórica de la familia de la metáfora, pero más intensa y radical, pues solo hay catacresis en los casos en que no hay un concepto o una palabra propia para nombrar un determinado fenómeno. En esos casos, solo queda la opción de configurar un nombre propio a partir de una metaforización. Los ejemplos más canónicos son la «pata» de la mesa o el «ala» del avión, ambas analogías entre órganos animales y objetos técnicos. Los aviones no tienen alas, los pájaros sí las tienen; de modo que esa cosa que sale del avión por su costado se llama «ala» solo en virtud de un movimiento metafórico que tiene como referente el ala del ave; sin embargo, a pesar de ser este un sentido impropio, no hay ninguna otra palabra para nombrar esa cosa que le sobresale al avión y que le permite volar. Otra catacresis clásica, y que nos compete directamente, es la de la lengua: la lengua en cuanto lenguaje establece una relación directa entre la boca y la voz, la boca como órgano y el *logos* que se dice y se escucha;[56] nuevamente, una analogía entre órganos y artefactos. De manera similar, el juicio de gusto kantiano, al carecer de una explícita referencia a su análogo corporal, como en el caso de Burke y Hume, introduce el problema epistémico de la catacresis en el corazón de los sentidos propios del campo de la estética. ¿Hasta qué punto este silencio, esta borradura o retirada de la metáfora no impacta en la configuración de las condiciones trascendentales del gusto kantiano? No es una

---

56 Cf. V. Campos, «De cenas y tumbas. Algunas configuraciones retórico-especulativas del Derrida de los 70's», *Revista de Filosofía Aurora* 33 (60), 2021.

pregunta que responderemos aquí, pero al menos podríamos decir: desde que una analogía configura todo el sistema de la estética kantiana, sistema que está a su vez vinculado y subordinado a sus discusiones sobre la teleología natural, la pregunta por las condiciones trascendentales de posibilidad del juicio deben incluir también a la ficción, a esa que es constitutiva de todo movimiento de trasposición metafórica.

Hasta qué punto, entonces, cierta reivindicación del sentido del gusto por la Modernidad pueda ser tomada en serio, dependerá de la consiguiente reivindicación que hagamos de la metaforicidad como regla constitutiva de la filosofía. Tanto las metáforas como la alimentación no han sido preferentemente temas filosóficos, y es probable que, así como ha sucedido con las primeras —pues la metáfora es un tema importante de la filosofía del siglo xx—, sea momento de volver a valorar filosóficamente también a la segunda.

Gastro-nomía, ciencia y técnica

Estas sendas y concluyentes jerarquías de los sentidos, solo mínimamente desestabilizadas por la extensiva utilización del gusto en los textos estéticos del siglo xviii, nos devuelven nuevamente a ese lugar marginal en el que comenzamos. Pues a pesar de que el gusto fue un tema en disputa para las altas sociedades filosóficas de la ilustración europea, no fue sino a costa de su descorporalización y su traslado a la mente o al espíritu, como facultad y no ya como sentido. Es como si, mediante el mismo gesto por el que Platón expulsa a la retórica fuera del dominio del *logos* —y a los sofistas fuera del dominio de la república—, la filosofía en sus exponentes más tradicionales y sus exposiciones más canónicas repitiera la extradición, esta vez expulsando también a quienes hoy llamaríamos *gastrónomos*, en general. ¿Pero qué queremos decir con esto? ¿Cómo es que la gastronomía ha hecho su entrada en este tejido? «Gastronomía» es una palabra conocida por nosotros, de frecuente uso en nuestra comunicación cotidiana: normalmente la asociamos directamente a la cocina, sobre todo cuando la entendemos a nivel profesional —hablamos de «escuelas de gastronomía» o de «negocios gastronómicos»—, pero entendemos, al mismo tiempo y de modo algo inconsciente, que quiere decir más que eso. *Gastro-nomía* es, en efecto, una palabra de origen griego, que muy literalmente querría decir «ley del estómago», aun cuando no es un vocablo que pueda encontrarse como tal ni en los escritos filosóficos ni en los médicos —o afines— que conservamos de la Antigüedad. Sin embargo, como constatábamos, se trata de un término de uso común, ampliamente conocido en nuestro tiempo, que es necesario, por tanto, analizar. Comencemos enfocándonos en la referencia a la culinaria que, como sabemos, se ubica en el momento técnico de la alimentación. La denigración platónica de la cocina, como vimos, se produce no solo al considerar que la cocina no puede, no alcanza, ser una técnica, sino también en la medida en que ella puede considerarse técnica como tal. Si bien ni Platón ni sus seguidores próximos desdeñan la técnica de manera evidente en los textos que estudiamos, un gesto de este tipo sí puede encontrarse explícitamente manifestado algunos siglos después. Habría que avanzar hasta el siglo XIX para encontrar uno de los textos más exquisitos —por la elegancia de su escritura y por el intento sistematizador y academicista de su argumentación— dedicado a la cocina. Pues si quisiera considerarse a la cocina una *techné* en el sentido griego, esto es, como *ars* en el sentido latino clásico, bastaría con aproximarse a la deleitosa prosa de Gavius Apicius, autor de *De re coquinaria libri decem,*[57] considerado el primer

---

57   M.G. Apicio, *Cocina Romana,* Madrid, Editorial Coloquio, 1987.

libro de recetas de cocina, escrito entre los siglos I y III d.C. Un autor romano del que se sabe muy poco, pero que Séneca en su *Consolación a Helvia* vuelve a comparar, siguiendo de muy cerca el gesto platónico, con la antigua sofística y su criminalidad:

> menos dichoso que vivió en nuestros días aquel Apicio que, en una ciudad de donde en otro tiempo se expulsaba a los filósofos como corruptores de la juventud, puso escuela de glotonería, infestando su siglo con vergonzosas doctrinas.[58]

Séneca, continuando con la tradición excomulgante de la cocina, considera a los cocineros personajes superfluos *(supervacuum seiet sibi cocum esse)*,[59] verdaderos pervertidores de la sociedad que describe y, como se aprecia en el fragmento citado, lo hace mediante una analogía con el filósofo. No cualquier filósofo, por cierto, sino uno cuya enseñanza es la lujuria y el vicio, nefastas doctrinas para la comunidad. Del mismo modo, los cocineros jamás podrían ser considerados artistas,[60] ni tampoco todos aquellos que se ocupan de los placeres corporales. Los cocineros, al igual que para Platón, son también para Séneca los causantes de las tantas enfermedades que aquejan a la sociedad.[61] Sin embargo, y como buen seguidor de la exclusión platónica, Séneca también continúa con la tendencia retórica según la cual los discursos pueden describirse en términos alimentarios: leer es «nutrición» para el alma y los autores son «cocineros» de «banquetes de enseñanzas». El filósofo estoico repite así el gesto clásico de denigrar y al mismo tiempo utilizar a su favor ciertas prácticas sin reconocer explícitamente dicho doble vínculo, haciendo —quizás— peligrar su propio discurso.

58 Séneca, *Consolación a Helvia*, Buenos Aires, El Aleph, 2000, p. 26.
59 Cf. *Id.*, *Epístolas Morales*, Madrid, Luis Navarro Editor, 1884, Ep. 90, p. 358.
60 *Ibid.*, Ep. 88, p. 340.
61 *Ibid.*, Ep. 95, p. 413.

Tampoco sería suficiente para entender la altura técnica de la cocina citar los primeros recetarios árabes del siglo décimo, o el famoso *Libro de cozina* de Ruperto de Nola, primer recetario de cocina española de 1520. Y no lo serían porque ninguno de los nombrados reivindica la cocina como lo hace *La fisiología del gusto. Meditaciones de gastronomía trascendente,* de Jean Anthelme Brillat-Savarin. Escrito en 1825 y publicado al año siguiente, se trata del primer tratado explícito de gastronomía donde, con elevadas pretensiones de cientificidad, se define formalmente este concepto por primera vez en un texto. Antes de entrar de lleno en él, echemos un vistazo a la época histórica en la que se sitúa: comenzando el siglo XIX, nos encontramos aún en el proceso de emergencia de la ciencia moderna, momento de gran entusiasmo epistémico, pero todavía pobre en resultados. Los primeros y valientes tratados sobre estos asuntos no son todavía «propiamente científicos», en el sentido en que entendemos hoy la ciencia. Asistimos, por tanto, a múltiples intentos de crear nuevos saberes mediante los más diversos métodos experimentales, que dan lugar a inéditos campos de saber. El campo de la fisiología en general es especialmente prolífico, constituyéndose ya durante el siglo XVIII en caldo de cultivo privilegiado para interesantes aunque extrañas ciencias. La fisiognómica y la frenología son quizás ejemplos conocidos: basadas en ciertos supuestos fisiológicos y anatómicos, estas ciencias estudian la apariencia física, especialmente del rostro en el caso de la primera, y de las medidas y formas del cráneo en el caso de la segunda. Los científicos de la época creían poder derivar de estas observaciones notas certeras sobre el carácter, la personalidad e incluso sobre los comportamientos de los sujetos de estudio, construyendo para esto enormes tipologías y los más sofisticados métodos de análisis. Bien es sostenible que el estudio de la fisiología del gusto haya sido inspirado por estas vertientes de la protociencia moderna, configurando la gastronomía como una nueva episteme que operaría desde ese momento bajo la original consigna «dime lo que comes y te diré quién eres»,[62] sobre la que volveremos en el segundo capítulo. Brillat-Savarin es uno de esos fisiólogos con ínfulas científicas que, en un intento de otorgar nueva dignidad a la alimentación, históricamente recluida en el espacio doméstico y condenada a no ser más que una rutina de supervivencia —asociada, además, a los roles femeninos de la sociedad— la hace objeto del nuevo saber gastronómico, incluyéndola en el ámbito de los saberes universalmente aceptados. El subtítulo de la obra, «meditaciones sobre gastronomía trascendente» podría estar, a su vez, semánticamente vinculado con la filosofía de la época, especialmente con la propuesta trascendental de Kant. Pues, como veremos, Brillat-Savarin, mediante la gastronomía, da a la alimentación el elevado papel de ser *el* saber y *la* práctica definitoria de toda la vida humana, aquella que la condiciona y la hace posible como tal. Así como en Kant las estructuras *a priori* de la subjetividad condicionan la experiencia, en Brillat-Savarin la alimentación se vuelve el trascendental fáctico de la vida humana, la condición de toda su existencia.

La fisiología del gusto es así un texto fundacional en los estudios sobre cocina y gusto, aunque su autor no era ni cocinero ni fisiólogo, sino un afamado jurista que ocupó importantes cargos políticos en Francia. Lo primero que llama la atención es el decoro, el pudor que asedió a su autor al ponerle su firma, y que terminó disuadiéndolo de dejar su primera edición anónima. En un escueto pero intenso diálogo de apertura, el autor conversa con un amigo, confesando una suerte de vergüenza académica porque la publicación en cuestión llevase su nombre:

El autor: tú, querido doctor, conoces mi condescendencia para con las señoras; más de una vez has alabado mi respeto y sumi-

---

62   J.A. Brillat-Savarin, *Fisiología del gusto*, Barcelona, Óptima, 2001, p. 15.

sión a mandatos femeninos; también decías, lo mismo que otros amigos, que yo sería un marido excelente... Pero, sin embargo, no quiero imprimir.

El amigo: ¿y por qué?

El autor: porque estando dedicado a causa de mi carrera y ocupaciones a estudios serios, temo que quienes que solo lean el título de mi libro piensen que no me ocupo más que de tonterías *(fariboles)*.[63]

Una vez más, la cocina se ve atrapada por su, esta vez, propia autocensura. La vergüenza de Brillat-Savarin es, no debiese caber duda, heredera de ese gesto de denigración y exclusión que ya hemos expuesto: el gesto que expulsa la cocina fuera de los límites del discurso sobre la verdad. De ahí también que Brillat-Savarin haya tenido la necesidad de aplicar ciertos esquemas «correctivos» a su escrito sobre la cocina. El primero es que, a pesar de su apariencia, *La fisiología del gusto* no es un libro de cocina, vale decir, no es un libro en el que se expliquen técnicas culinarias ni en el que se expongan recetas o fórmulas de cocción. Es en realidad, como lo dice su subtítulo, un libro de gastronomía, y de gastronomía «trascendente». ¿Qué quiere decir esto, específicamente, para Brillat-Savarin? Primero, que se hablará de algo que tiene que ver con la comida y con la cocina pero que no es *ni* comida *ni* cocina, sino algo que las engloba, esto es, una suerte de primer discurso disciplinar *(philosophia proté)* sobre todo aquello que «involucra al ser humano en cuanto ser que se alimenta».[64] Como dice Roland Barthes, Brillat-Savarin queda «al abrigo del estilo»: usa un tono docto para hablar de un sentido considerado fútil (por su carácter llanamente sensual),

63 *Ibid.*, p. 10.
64 *Ibid.*, p. 40.

el gusto.[65] Ese tono docto deviene así intento de discurso disciplinar, uno que Brillat-Savarin escoge llamar —desde las primeras páginas del tratado— «conocimiento razonado» *(conaissance raisonée)*.[66] Como segunda estrategia de retribución de su decoro, Brillat-Savarin escoge entonces dar al conjunto de prácticas y elementos que componen el fenómeno de la alimentación humana el estatuto de un saber reflexivo y hasta crítico, podríamos decir, propio de una ciencia humana y humanista, cuyo objeto no son los «manjares» sino el hombre mismo. La ciencia se convierte así, siguiendo una vez más a Barthes, en el gran superyó de *la fisiología*.[67] Como adelantábamos, esta ciencia tiene el nombre de gastronomía *(gastronomie)*, una palabra de origen griego que vincula de modo inédito e impensable quizás para el platonismo los vocablos de *gastro* y *nomos*: vientre, estómago, aparato digestivo, por un lado, y norma, ley, incluso práctica culturalmente instituida (con valor normativo explícito), por otro. Una suerte de *ciencia* o *saber normativo*. Como dice Barthes:

> La ciencia del gusto se vuelve, así, una ética (ese es el destino habitual de la ciencia). B.-S. asocia inmediatamente su fisiología (¿qué otra cosa iba a hacer, si pretendía continuar discurriendo?) a determinadas cualidades morales. Dos son las principales. La primera es legal castradora: la *exactitud* («de todas las cualidades del cocinero, la más indispensable es la exactitud»); *encontramos ahí la regla clásica: no hay arte sin normas, no hay placer sin orden*; la segunda es una cualidad bien conocida por las morales de la culpa: el *discernimiento*, que permite separar con delicadeza el Bien del Mal.[68]

---

65 R. Barthes, *El susurro del lenguaje. Más allá de la palabra y la escritura*, Buenos Aires, Paidós, 2013, p. 376.
66 J.A. Brillat-Savarin, *Fisiología del gusto, op. cit.*, p. 40.
67 R. Barthes, *El susurro del lenguaje, op. cit.*, p. 376.
68 *Ibid.*, p. 366. Cursivas nuestras.

Esta consideración fuertemente normativa le sirve a Brillat-Savarin, a su vez, para introducir de manera más efectiva la nueva palabra en la sociedad culta francesa. Una palabra, dice el autor, nueva para la época que «aunque apenas se entiende, ha parecido suave a los oídos franceses que tan pronto como la oyen pronunciar demuestran fisonomías satisfechas y labios con sonrisa de alegría».[69] Por lo desconocido del concepto y por el peligro que su novedad podría significar para su propio prestigio, Brillat-Savarin se apresura también a delimitar apropiadamente esta nueva noción, lo que hace asimismo en términos morales:

> La separación correspondiente entre la gastronomía, la voracidad y la glotonería, empezó entonces a efectuarse. La primera ha llegado a mirarse como una afición que podíamos manifestar en público, como una cualidad social agradable para el anfitrión, provechosa para el convidado y útil para la ciencia.[70]

Por su parte, la cocina, como decíamos, no es lo mismo que la gastronomía para Brillat-Savarin. En su estatuto de *conocimiento,* la gastronomía refiere a un ámbito discursivo superior *de derecho* a la cocina, que la engloba y la subordina como una de las tantas áreas del saber vinculadas con ella. Lo interesante a notar aquí es que la cocina, más que un saber relacionado, es realmente una *parte* de la gastronomía, es decir, una práctica no discursiva derivada de ella, y que es la única de las que nombra Brillat-Savarin que solo tiene sentido bajo el alero de la gastronomía, sin comportar ningún objeto ni fin que le sea propio o exclusivo. Las demás «partes» de la gastronomía son, en efecto, otras áreas discursivas propiamente científicas, como

---

69   J.A. Brillat-Savarin, *Fisiología del gusto, op. cit.*, p. 206.
70   *Ibid.*

la historia natural, la física, la química, el comercio y la economía política.[71] Pues todos estos «saberes» tienen sus objetos y fines propios, independientes de los de la gastronomía, y solo se relacionan bajo ciertos respectos con la alimentación humana. La gastronomía es, así, quizás la primera ciencia realmente interdisciplinaria por naturaleza. Pero, en todo caso, se trata de una ciencia humana, un conocimiento razonado sobre el ser humano, no un conocimiento razonado sobre el alimento; es un conocimiento razonado sobre el ser humano, el *anthropos, en cuanto ser que se alimenta.* La gastronomía podría perfectamente ser hoy una disciplina universitaria, aunque nunca sinónimo de «cocina profesional»: podría estar inserta como escuela dentro de una facultad de humanidades, mas no ser el título de una carrera técnico-profesional. Si empujamos un poco más las cosas, y teniendo en cuenta que Brillat-Savarin habla de episteme humana, podría pensarse, con él, que se trata realmente de una ciencia transhumanista, siguiendo su aforismo de apertura: «El Universo no es nada sin la vida, y cuanto vive se alimenta».[72] No hay, todo parece indicar, nada más extensivo en el reino de la vida que la práctica de la alimentación. Los animales se alimentan con mucha sabiduría, podríamos decir, y, por qué no, las plantas también —recordemos que la capacidad nutritiva, el *trophein,* era considerada por Aristóteles la función propia del mundo vegetal—.[73] En cualquier caso, y aunque pudiésemos imaginar una escuela de gastronomía con todas estas características, enfatizamos, no sería jamás solo una escuela de cocina: pues, por un lado, no está claro que la cocina sea realmente un *saber* y, por otro, no está claro tampoco que pueda estar dirigida a otros fines, ni tener otros objetos que los del comer mismo.

71 *Ibid.*, p. 41.
72 *Ibid.*, p. 15.
73 Aristóteles, *Acerca del Alma, op. cit.*, 415a15.

Sin embargo, para Brillat-Savarin, la cocina como subdisciplina de la gastronomía también comporta una cierta interdisciplinariedad interna. El gastrónomo establece que la cocina se conforma con al menos tres especies de prácticas: la tendiente a la alimentación, la química y hasta la farmacia. Lo que las unifica es el uso común del fuego, los hornos y las vasijas; pero solo una ha conservado «su nombre primitivo» y solo quien se dedica a la transformación de materias primas en platos puede ser llamado propiamente «cocinero»: «el mismo pedazo de vaca con que hace caldo y cocido el *cocinero,* lo toma el *químico* para saber en cuántos elementos puede descomponerse, y el *farmacéutico* lo hace salir del cuerpo con violencia, si casualmente ha producido alguna indigestión».[74] Como vemos, los desplazamientos retóricos que ocurren en el seno del texto del magistrado francés son múltiples y complejos de sistematizar. Pues a pesar de esta primera subestimación de la cocina respecto de la gastronomía, posteriormente se habla de ella —sin cuestionamiento alguno— como «arte». Y no como un arte entre otros sino como el arte de mayor antigüedad y de mayor utilidad para la cultura:

> De todas las artes, ninguna tiene mayor antigüedad que la de la cocina; porque Adán nació en ayunas y el recién nacido prorrumpe en gritos y llantos así que aparece en este mundo y no se calla hasta haberse alimentado con leche de su ama. También el arte de la cocina ha prestado importantísimos servicios a la humanidad respecto a la vida civil, porque las necesidades culinarias han enseñado las primeras aplicaciones del fuego y con este elemento el hombre ha dominado a la Naturaleza.[75]

74 J.A. Brillat-Savarin, *Fisiología del gusto, op. cit.*, p. 189. Cursivas nuestras.
75 *Ibid.*, p. 189.

Y también, como sugeríamos, el arte más trascendente, acaso hasta trascendental:[76] un cocinero instruido puede transformar tan ingeniosamente las materias primas que puede crear platos que sean *condiciones de posibilidad* para nuevas aplicaciones y estados del arte. Esto es lo que, quizás, comparten tanto Kant como Brillat-Savarin, separados por menos de un siglo de distancia: una cierta inquietud por lo trascendente y trascendental que permite y posibilita hablar de *lo que es* de nuevas y originales maneras. Como dice Brillat-Savarin en otro de sus afamados aforismos, «Más contribuye a la felicidad del género humano la invención de una vianda nueva que el descubrimiento de un astro».[77] Con ello destaca que en esta intensa instrucción que se requiere para traspasar los límites de lo ya instituido y convertirse así en esquema de nuevas experiencias, los libros de cocina no pueden serlo todo. Y Brillat-Savarin, entonces, vuelve a ponerse del otro lado de la jerarquía de la ciencia:

> Tomando en consideración, a todas luces y en todos sus aspectos, los placeres de la mesa, desde un principio pude deducir que sobre tal materia *faltaban muchas cosas mejores que libros de cocina*, y que se podían presentar observaciones importantes acerca de unas funciones tan esenciales, tan continuadas, y que tan directamente influyen en la salud, en la felicidad de la gente y hasta en todos los negocios de la vida.[78]

Estas idas y vueltas, estos desplazamientos jurídico-semánticos de la cocina a la gastronomía y viceversa, son propios de toda discursividad retórica y son parte constitutiva de lo que Platón consideraba de ella un peligro. Lo curioso es que un libro como

76 *Ibid.*, p. 63.
77 *Ibid.*, p. 15.
78 *Ibid.*, p. 17.

el de Brillat-Savarin no se ha vuelto a ver en nuestra época: un texto con semejantes pretensiones inventivas y con la complejidad de una escritura que se quiere, si no filosófica, en todo caso, al menos, epistémica. Esto es, vinculada con la verdad y con la normatividad que de ella se deriva tradicionalmente. Lo cierto es que el objeto de esta nueva ciencia así lo requiere, pues la alimentación es —sin dudas— la práctica más fundamental entre las actividades humanas. De este modo, para Brillat-Savarin, la gastronomía gobierna la vida entera, pues «el llanto del recién nacido llama al pecho que lo amamanta y el moribundo todavía recibe con cierto placer la pócima suprema que por desgracia ya no puede digerir».[79]

79 *Ibid.*, p. 41.

El principio de incorporación

Desde hace ya varias décadas, la idea de que *somos lo que comemos* ronda nuestra simbólica cultural. En principio, se trata de una frase que parece irrefutable: de una u otra manera, todo aquello que ingerimos termina siendo parte de lo que somos. Corporalmente, parece obvio: el alimento se transforma en nuestro propio tejido, en nuestras células, con consecuencias tanto a nivel «interno» e invisible como «externo» y público. Dicha transformación tiene lugar al menos tres veces al día, desde que nacemos hasta el último día de nuestra existencia. Y si bien el cambio, sabemos, es estructural de nuestro modo de ser temporal, probablemente no existe una transformación más radical y cotidiana que la que tiene lugar mediante los procesos que llamamos *digestión* y *metabolismo*. Mediante un complejo y ya bien estudiado número de funciones corporales, normalmente inconscientes y autónomas, el alimento que ingerimos toma las formas básicas de nuestro cuerpo: proteínas, carbohidratos, grasas, vitaminas, minerales, entre otros componentes. Tenemos, entonces, una primera transformación que afecta directamente al alimento, descomponiéndolo, separándolo, aislándolo en sus elementos atómicos. Luego de este proceso, el alimento ya no es lo que era y pasa a ser *como nosotros*, asimilable por nuestro organismo. Sin embargo, esta no es la última palabra. Mediante una segunda y casi concomitante transformación, es nuestro cuerpo el que cambia para tomar, en parte, la forma del alimento ingerido, para ser como él y adquirir, esta vez, su propia naturaleza. Todo acto alimentario es así doble, genera un movimiento de transformación que es, al menos, bidireccional: cambia el alimento, se transforma en nosotros, y cambiamos nosotros, transformándonos en nuestros alimentos. Esta operación tan doméstica no debiese nunca dejar de sorprendernos, pues cada día experimentamos, literalmente en carne propia, uno de los milagros más grandes de la naturaleza: una lenta pero radical metamorfosis, casi imperceptible si se la mira aisladamente, pero determinante si se la extiende en el tiempo y se proyectan sus consecuencias. Ni el cambio de Gregorio Samsa se compara en términos globales a estas transformaciones, pues nuestro metabolismo diario, si bien no nos permite el tránsito interespecie, nos hace variar en nuestra forma y materia sin necesidad de sueños, relatos o ficción. Somos nuestros alimentos y nuestros alimentos terminan siendo parte de nosotros, inevitablemente, lo queramos, lo sepamos hasta sus últimas consecuencias, o no.

Sistematizada en 1990 por el antropólogo francés Claude Fischler, esta idea llegó a formularse como un principio, es decir, como una suerte de ley de la ingesta. Fischler lo llamó «principio de incorporación», mientras definía la incorporación como «el movimiento por el cual hacemos traspasar al alimento la frontera entre el mundo y nuestro cuerpo, lo de fuera y lo de dentro».[1] Formulada como principio, es decir, como ley, la incorporación no solo sería *de hecho* inevitable, sino que produciría *de derecho* ciertos efectos determinantes para la constitución significativa tanto de ese problemático campo que llamamos «interioridad» como de su opuesto, lo «exterior» o el «afuera». Al tratarse de un principio, de una suerte de regla arquitectónica y normativa para la alimentación, dichos efectos no pueden

---

1 C. Fischler, *El (h)omnívoro. La cocina, el gusto y el cuerpo*, Barcelona, Anagrama, 1995, p. 65.

2. Ontologías del comer

ser ni contingentes ni arbitrarios. En primer y primordial lugar, Fischler —siguiendo varias pistas de las que nos haremos cargo en lo que sigue, desde la filosofía a la antropología cultural—, entiende que comer no es una operación entre otras. No tanto por la complejidad que ha obtenido como práctica humana y, con ello, simbólica, sino por una cuestión ontológica estructural: todos nuestros esquemas que permiten distinguir un ámbito de lo propio —nuestro cuerpo— de uno de lo ajeno o lo extraño —el mundo—, y todas las complejas relaciones y negociaciones que se hagan entre ellos, pueden entenderse y significarse a partir del movimiento de incorporación. Resuena aquí la idea platónica tratada en el capítulo anterior: una suerte de sinécdoque fundamental regularía la relación entre nuestra experiencia de comer —y todo lo que le está asociado— y todos los demás actos mediante los cuales nos relacionamos con el mundo exterior. Comer es así la parte de nuestras prácticas que se toma por el todo, la operación precisa y particular cuyo esquema se vuelve preferentemente explicativo de todas las demás. Así como, en Platón, el deseo de alimento determina la estructura del deseo en general, en Fischler asistimos a una escena argumentativa en la que incorporar —tal como lo señala la definición citada— determina la estructura de todos los intercambios que establecemos entre lo mío y lo ajeno, lo propio y lo extraño, lo interior y lo exterior.

En segundo lugar, la sistematización de Fischler recoge de modo bastante acabado una multitud de ideas que, desde sus primeras formulaciones teóricas con ánimos científicos, están en relación con la incorporación. De aquí obtenemos el mayor rendimiento normativo del principio, pues a partir del núcleo tético que conecta el ser y el comer, se desprende una gran variedad de determinaciones posibles para llenar de contenido eso que llamamos siempre tan sueltamente «comer bien». Pues aunque el principio opera como una explicación causal de mi ser *actual* a partir de lo que como *de hecho,* siempre es posible, mediante una inversión de la causalidad explicativa del principio, determinar lo que es bueno para comer a partir de lo que considero bueno para ser. No saber quién soy a partir de lo que como, sino decidir qué quiero comer a partir de lo que quiero ser —siempre un ideal—. Esta inversión es el paso de un argumento descriptivo que tiene la forma del *modus ponens* —si comer implica ser, entonces cada vez que como, soy— a una suerte de imperativo hipotético, ya normativo: si quiero hallar bienestar, entonces debo comer bien. Y aun cuando esta idea ha abierto grandes oportunidades en el discurso dietético, es también el momento más problemático de una posible ontología alimentaria.

Notemos que, en principio, «comer bien» puede significar muchas cosas distintas, pues en toda predicación el «bien» siempre es primariamente solo formal: puede significar comer saludablemente, comer convenientemente, comer placenteramente, comer funcionalmente, etc. Analicemos solo un caso, tal vez la equivalencia más común, aunque nunca obvia: comer bien como comer «sano». Es básicamente un hecho que la gran mayoría de los discursos sobre salud alimentaria están basados, explícita o implícitamente, en la inversión descrita. Si *comemos* alimentos saludables, pues entonces alcanzaremos ese estado de salud que anhelamos, es decir, *seremos* saludables. Sin embargo, como sabemos quienes hemos pensado críticamente al respecto, siempre el tema de la salud alimentaria es terreno frágil. Pues el discurso hegemónico de lo saludable alimentariamente ha sido hasta hoy, por decir lo menos, reductivo. La ciencia de la nutrición, que Michel Pollan ha descrito con mucha agudeza en su devenir «nutricionismo»,[2] ha tendido a reducir el amplio impacto que los alimentos tienen sobre la sa-

---

2   Cf. M. Polland, *In Defense of Food. An Eater's Manifesto,* Nueva York, Penguin, 2008, pp. 29-40.

lud del cuerpo al impacto que tienen los *elementos nutricionales* de dichos alimentos; es decir, se ocupa de la salud alimentaria solo después de que la primera transformación que hemos descrito más arriba ha ocurrido, la del alimento. Por fortuna, mucha bibliografía de vanguardia en este sentido —en la que se incluyen las investigaciones y reflexiones de Pollan— nos ha hecho entender que el alimento es más que un conjunto de nutrientes, especialmente en una era tecnificada de alimentación industrial, en la que una buena parte de lo que un alimento «es» no es sino una síntesis química artificial con nulo aporte nutricional. Estos nuevos enfoques nos han abierto los ojos ante lo que parece también evidente, aunque no siempre sea considerado por la medicina y la nutrición: que no existe una regla universal de la alimentación, pues —como mostraba Aristóteles— la regla de una comida equilibrada y moderada, es decir, de una posible comida *buena,* siempre es relativa al que come y no solo a lo comido. La vertiginosa dialéctica entre ocaso y auge de dietas de moda —el paso de la pirámide alimentaria a la antidieta, luego a las dietas Atkins o cetogénica *(keto),* luego a la alimentación funcional, luego al ayuno intermitente, etc.— es la prueba más evidente de que no puede fijarse una idea de alimento perfectamente saludable para todos, de manera universal; y esto es así pues todos los cuerpos son distintos y todos se transforman a su vez de los modos más diversos e incalculables frente al alimento incorporado.

Pero no podemos dejar pasar una segunda parte de esta ecuación. Es sabido por todos que la ciencia nutricional ha estado durante varias décadas, más que al servicio de la salud, al servicio de ciertos cánones de belleza centrados en la noción de peso o masa corporal. Probablemente porque la salud del alimento está, de una u otra manera en nuestro imaginario colectivo, en una estrecha relación con nuestras ideas y normas de belleza corporal. Que la salud que brindan ciertos alimentos o que aportan ciertas dietas esté asociada con ciertos imaginarios que docilizan nuestras corporalidades es, quizás, el elemento más determinante en estas reducciones. Muchas son hoy en día también las denuncias que se hacen a la ciencia de la nutrición por haberse visto casi unilateralmente orientada a adelgazar cuerpos para lograr encajarlos en los cánones del deseo, transformando la antigua dietética de la que hablábamos en duros y problemáticos regímenes alimentarios. La idea de que un cuerpo gordo es así porque ingiere comida calificada como no sana nos habla claramente de la tenebrosa complicidad que la ciencia nutricional ha establecido entre belleza y salud, en relación con el alimento. El principio del *soy lo que como* se ha transformado así en una forma más de dominación y opresión del cuerpo, que opera bajo la suposición de que un cuerpo delgado es siempre un cuerpo sano, es decir, un cuerpo que incorpora los alimentos que han sido calificados como «saludables» en base a las reductivas reglas del nutricionismo. Asumir que un cuerpo gordo no solo no sigue reglas de salud, sino que además solo «es» comida basura, no es sino una nueva manifestación de gordofobia y pesocentrismo. O dicho de otra manera: una nueva manifestación del gobierno tiránico sobre el deseo, una forma sofisticada de establecer relaciones de poder sobre los cuerpos.

Todos estos problemas —y también las oportunidades— del principio de incorporación se amplifican exponencialmente si la certeza que tenemos de ser lo que comemos no se deja interpretar únicamente a nivel fisiológico. Todo indica que es muy probable que nuestros alimentos y modos de ingerirlos impactan también en quiénes somos en otros niveles: psíquico, cultural, ético-político, hasta económico, por nombrar los que tienen mayor relevancia. En cada uno de estos niveles observamos las mismas paradojas: por un lado, parece obvio que nuestras formas de comer modelan nuestras emociones y pensamientos, tanto en el nivel individual como en el social, permitiendo que un detallado análisis de la alimentación nos permita «conocer» de mejor manera quiénes y cómo somos. Por otro lado, ciertas normatividades históricas que operan en nosotros ya de manera inconsciente —los *a priori* históricos de Foucault—[3] hacen que interpretemos este principio de modos que pueden tener consecuencias tan problemáticas como opresivas: desde la dificultad de establecer una relación entre ciertos tipos de dieta y algunos muy determinados modos de ser culturales, hasta las potenciales condenas éticas que pueden generar corrientes crítico-normativas como el vegetarianismo y el veganismo. También hay consecuencias problemáticas en el nivel del género: la idea de que las mujeres se alimentan —y cocinan— de un determinado modo, distinto al de los hombres, prefiriendo alimentos más livianos y dulces —al decir de Rousseau—[4] y preparando alimentos con técnicas orientadas a la perfección y la higiene, así como ciertas teorías que suponen que los hombres son más «creativos» y «arriesgados» en la cocina.[5] Y si esto nos parece sospechoso, también deben parecérnoslo ideas opuestas que, sin embargo, tienen cierto arraigo en el feminismo contemporáneo: que la ingesta de carne y la explotación de la naturaleza para obtener alimentos es propio de las masculinidades, mientras que el modo femenino no solo es el del vegetarianismo, sino también el de una mística —y romántica— relación de pureza y respeto con la tierra.

Las conclusiones de estas consideraciones iniciales nos fuerzan a construir una reflexión crítica sobre aquella pequeña y poderosa frase. Pues que *somos lo que comemos,* en cuanto principio ontológico irrefutable, es una verdad peligrosa. Pe-

---

3   Cf. M. Foucault, *La arqueología del saber*, Buenos Aires, Siglo XXI, 2002, pp. 214 y ss.

4   Cf. J.J. Rousseau, *Emilio, o de la educación*, Madrid, Alianza, 1990, p. 537.

5   Cf. F. Shay, *Best Men are Cooks,* Nueva York, Coward-McCann, 1941; F. Birmingham, *The Complete Cookbook for Men*, Nueva York, Harper, 1961; J.G. Frederick, *Cooking as Men Like it,* Nueva York, Business Bourse, 1939.

ligrosa en su doble vínculo: por un lado, puede mostrarnos
todas las potencialidades que la alimentación, tanto en su sustancia como en su dinámica, tiene para comprender de manera
más completa y compleja el ser de lo que somos; por otro lado,
puede convertirse, y lo ha hecho, en eficaz instrumento de
control, tanto a nivel anatómico como cultural. Estas últimas
interpretaciones tienen en común que culminan en un modo
esencialista de configurar la relación ontológica entre ser y comer: si sé lo que comes y cómo lo comes, podré decirte exactamente cómo eres, mediante la aplicación —forzosa, muchas
veces— de categorías fijas, inmóviles y demasiado generales
para cualquier modo de vida. El riesgo de caer en una ontología esencialista o sustancialista es sin duda algo que debemos
atender siempre, pues sus consecuencias se traducen justamente en limitaciones de los modos de actuar. ¿Pero dónde establecer el límite que separa la oportunidad de la amenaza? Las
respuestas no son en ningún sentido simples, pero abordar una
ontología posible desde el comer contiene ciertas ventajas en
este respecto: porque comer es un proceso más caótico, menos
controlable y más abierto a lo aleatorio de lo que la ciencia —y
la historia de la filosofía— nos ha acostumbrado a pensar.

Las primeras formulaciones: Feuerbach y Brillat-Savarin[6]

Comencemos nuestro análisis buscando en la historia. Pues si
bien no se sistematizó hasta 1990, el principio de incorporación nace verdaderamente al menos un siglo antes. Un hito clave
es la publicación en 1850 de *La ciencia natural y la revolución*

---

6 Algunas reflexiones de este apartado fueron publicadas bajo el título *Somos lo que comemos. Hacia una ontología del comer*, el 5 de septiembre de 2019 en el blog de Ediciones Mimesis, https://edicionesmimesis.cl.

2. *Ontologías del comer*

(Die Naturwissenschaft und die Revolution) de Ludwig Feuerbach. Se trata de un texto que establece, a través del juicio de la ciencia natural, las condiciones fisiológicas y materiales que la revolución requiere. Como constata Félix Duque,[7] es un texto publicado dos años después de la revolución —frustrada— de 1848, motivación para enfatizar la importancia capital de la alimentación para el correcto funcionamiento de la vida, en toda su amplitud; y, por añadidura, para el correcto funcionamiento de una revolución que requiere y exige la puesta en juego de la totalidad de la vida de los hombres. En dicho texto, Feuerbach realiza una afirmación que podría tomarse como el postulado de base de una posible protoontología del comer: *el hombre es lo que come (Der Mensch ist was er isst)*. Hecho de los alimentos que consume, el ser del hombre estaría reducido a una relación incorporativa con el mundo, a través de la ingesta de sustancias materiales que, mediante un complejo proceso de asimilación —llamado comúnmente «digestión»—, lo constituiría progresivamente de maneras siempre diversas, cada jornada de su vida, tres veces al día.

Es importante enfatizar la formulación alemana y su juego fonético, pues entre *ist* (es) e *isst* (come) parece haber una poderosa conexión lingüística a nivel de significante. La materialidad de este vínculo, ni semántico ni sintáctico, sino solo fonético, se vincula a su vez con la materialidad involucrada en la tesis misma de Feuerbach: el hombre, más que un sutil espíritu, más que misterios esenciales, más que una vaporosa *psyché, es lo que come*, la materia, siempre demasiado pesada y peligrosamente oscura, no solo transforma efectivamente el cuerpo del hombre y lo constituye en dicha transformación, sino que además puede ser signo, o más bien significante, de su propio ser: el examen de sus heces, de su orina, permitirían, al modo hipocrático, descu-

7 F. Duque, *La comida del espíritu en la era tecnológica*, Madrid, Abada, 2015, p. 8.

97

brir objetivamente lo que el hombre es. Se ve cómo *La ciencia natural y la revolución* no es en ningún caso un discurso sobre la alimentación ni sobre los alimentos ni sobre el acto de comer. El comer tiene en él un mínimo lugar al servicio de una ciencia natural que se ocupa del hombre y de sus procesos políticos, de su cuerpo como *arché* de la política, coyunturalmente al servicio de la revolución. Es interesante notar que doce años después de la publicación de *La ciencia...* Feuerbach publica un segundo opúsculo sobre esta misma cuestión: *El misterio del sacrificio o el hombre es lo que come (Das Geheimnis des Opfers, oder der Mensch ist, was er isst)*. En doce años, lo que se ha hecho es un tránsito del plano riguroso de la revolución y la ciencia al de la religión, sus misterios y sacrificios. La comida ya no es mero «combustible» necesario para modelar el cuerpo revolucionario, sino que se vuelve también uno de los «misterios» del modo de ser humano. ¿En qué consiste este tránsito? Probablemente, se trata de una sobreafirmación de eso que ya estaba implicado en 1850, a saber: que lo que el hombre come no constituye solo su «cuerpo», como si este pudiese oponerse cartesianamente al alma o al espíritu, sino que el alimento es la condición necesaria y estructural del hombre entero. Esto implica no solo corporalizar el alma, sino también —de modo inversamente proporcional— espiritualizar el alimento: pues para que el acto de comer pueda ser el acto constituyente del ser del hombre y no solo de una «parte de él» (su cuerpo, su biología, su fisiología), es necesario que el comer no sea solo lo que comúnmente llamamos «comer», sino que se refiera a una relación general y estructural de incorporación de *lo otro, del mundo, de las cosas del mundo, hasta incluso del otro ser humano* como estructura fundamental de la constitución del ser. ¿Es esta la profunda intención filosófica de Feuerbach? ¿Es esta una posibilidad para la filosofía? Volveremos.

A pesar de su novedad, esta no era la primera vez que las bases de una ontología del comer se asomaban en la historia de las ideas de Occidente. Tendremos que volver a *La fisiología del gusto. Meditaciones de gastronomía trascendente,* de Jean Anthelme Brillat-Savarin, de 1825. De modo análogo al escrito de Feuerbach, sabemos ya que se trata de un texto que hace de las ciencias naturales el centro de la reflexión, aunque con una intención diferente. No se trata de hacerlas funcionales a la revolución, sino de imitar su seriedad explicativa, su rigurosidad y, en parte, su método —teniendo en cuenta que, como es común en la ciencia de la época, el «método» tiene más la forma de una sintomatología, de una simbología o de una semiótica incluso, que de una ciencia en sentido positivo—. Es en este texto de Brillat-Savarin donde encontramos la primera formulación ontológica que vincula ser y comer, 25 años antes del escrito de Feuerbach. Pues ese saber normativo que es la gastronomía no tendría la fuerza que su autor quiso imprimirle si careciese de un fuerte fundamento ontológico. Aunque se presenta como uno de los axiomas de su tratado científico, el estilo de su escritura es, esta vez, diferente. El «abrigo del estilo» docto, que constataba Barthes, tiene en esta entrada su excepción: no una axiomática, sino la forma especulativo-literaria del aforismo; no ya una descripción apofántica —como en el caso de Feuerbach— sino una propuesta lúdico-poética: *dime lo que comes y te diré quién eres.* Nuevamente, la posibilidad hipocrática de acceder a las profundidades —¿misteriosas?— de las estructuras ontológicas del sujeto a partir de su comida. En este caso, sin embargo, no a partir de una escatología, sino a partir de las *narraciones* sobre lo que comemos: *dime lo que comes.* Porque no solo comemos, también nos contamos historias sobre lo que comemos, relatos enteros y hasta épicos sobre nuestro modo de alimentarnos. La ontología de Brillat-Savarin, a diferencia —en principio— de la de Feuerbach, no es del todo material: la materialidad del acto de alimentación está imbricado con su relato, está mediada por sus representantes discursivos.

Ambas consideraciones, la de una ontología material del comer y la de una ontología del relato, nos preparan para acceder a un texto de Nietzsche no muy lejano en fechas al de Feuerbach. Se trata del texto *Ecce homo. Cómo se llega a ser lo que se es (Ecce homo. Wie man wird, was man ist)*, de 1888. En principio, podemos detectar una similitud entre este y el texto de Feuerbach, a costa de forzar —quizás— un poco las cosas: pues siempre se puede intercambiar, de solo escucharlo, el *ist* del ser con el *isst* del comer. *Cómo se llega a ser lo que se come* sería el resultado de esta operación forzosa. Sin embargo, el estudio detallado de este texto nos lleva a sostener que dicha operación no se realiza, finalmente, tan a contrapelo. Pues en *Ecce homo* Nietzsche habla largamente sobre la relación entre ser y comer, sobre todo a partir del caso de la cultura y la filosofía alemanas. Más allá de la sonoridad de esta provocación, lo que se juega esta vez con Nietzsche es la operatividad de la relación constitutiva entre el comer y el ser, más allá del terreno de lo biológico. Por tanto, aquí se traspasa una frontera, aunque tampoco se trata de un *di-me,* de un relato sobre el comer que comprendería la posibilidad de decir o narrar, a su vez, el ser quién eres. Aquí se trata de una transgresión más radical. Para internarnos en ella, volvamos brevemente a lo que decíamos más arriba: que no es sino hasta 1990 que contamos con una propuesta teórica general de sistematización del «somos lo que comemos», cuyo efecto es transformarlo en «principio». En su texto llamado *El (h)omnívoro. La cocina, el gusto y el cuerpo,* Fischler, científico social ante todo, cita a Feuerbach sin referirlo y, con ello, nos acerca a la idea que exploraremos en Nietzsche:

> Incorporar un alimento es, tanto en el plano real como en el plano imaginario, incorporar todo o parte de sus propiedades: llegamos a ser lo que comemos. La incorporación funda la identidad. La fórmula alemana *Man ist, was man isst* (somos lo que comemos)

es verdadera en el sentido literal, biológico: los alimentos que absorbemos proporcionan no solo la energía que consume nuestro cuerpo, sino también la sustancia misma de este cuerpo, en el sentido de que contribuyen a mantener la composición bioquímica del organismo. Es válida también para nuestro imaginario. El alimento absorbido nos modifica desde el interior. Es al menos la representación en la que se construye el espíritu humano: se considera que lo incorporado modifica el estado del organismo, su naturaleza, su identidad. Esta «creencia» se observa comúnmente entre los «primitivos». Así, Frazer, a finales del siglo XIX, ya señalaba lo siguiente: «el salvaje cree comúnmente que comiendo la carne de un animal o de un hombre adquiere las cualidades no solo físicas, sino también morales e intelectuales que son características de ese animal o de ese hombre» (Frazer, 1890 [1911]). El mismo autor indicaba igualmente que, en ciertos grupos, los guerreros se abstenían de comer liebre o erizo por miedo a perder su valor o amedrentarse ante el peligro, o incluso que las mujeres encintas evitan a ciertas especies que podrían «contaminar» analógicamente a su prole. Las significaciones que se asocian al consumo de la carne humana son conocidas: apropiarse de un rasgo o de los caracteres de la víctima (exocanibalismo); hacer vivir a través suyo el cuerpo devorado (endocanibalismo).[8]

Siguiendo esta idea, para Fischler el *principio de incorporación* es la condición misma de posibilidad de toda construcción del ser que somos, pero en el sentido más específico y estrecho de lo identitario. Su carga normativa regula eso que llamamos «identidad», en su acepción más general, en cuanto ella es siempre construida, producida a partir de movimientos y prácticas incorporativas. Si, tal como lo reconoce Fischler, incorporar implica las dos transformaciones de las que hablábamos —del alimento

---

8 C. Fischler, *El (h)omnívoro, op. cit.,* p. 66.

y de nuestro cuerpo—, no es difícil notar cómo, en principio, esta formulación acarrea consecuencias muy problemáticas para el concepto mismo de identidad: en una larga tradición conceptual de la que somos herederos, la identidad tiende a señalar hacia una existencia de núcleo inmóvil, que se mantiene igual a sí mismo a través del tiempo. Cuando pensamos en nuestra propia identidad pensamos que somos la misma, el mismo, todos los días, a pesar de que nuestros cambios diarios son evidentes; cuestión que devela, en la base de nuestra representación de lo identitario, el viejo supuesto aristotélico de que los cambios son solo accidentales respecto de un núcleo sustancial inmutable. Sin embargo, al poner en la base de la identidad un principio como el de incorporación resumido por Fischler, la noción de identidad se desajusta inevitablemente, y de manera muy evidente en términos biológicos y fisiológicos: pues todo lo que comemos pasa a ser parte literal de nuestro cuerpo, no solo a partir de la energía que le proporciona al organismo, sino también su «misma sustancia», la misma materialidad de lo que somos proviene en una enorme medida del alimento que ingerimos.

Pero explicar lo que hay de ontológico en el principio de incorporación a través del concepto de identidad tiene al menos un problema más: la noción de identidad, de lo idéntico a sí mismo, hace referencia a la exclusividad de eso que es mío propio y, léase, *de nadie más*. La ya citada noción griega de *ideon* (ἴδιον) era para Aristóteles una categoría lógica que refería a ciertas características particulares de un individuo que definen lo que él/ella/ello «es» (*Tópicos,* 102a20). Estas características también son *exclusivas,* lo que significa que solo pertenecen a ese individuo y a ningún otro (que lo hacen auténtico y único, diferente de cualquier otro individuo). Pero fue también Platón, antes y como antecedente para Aristóteles, quien configuró su idea de lo propio mediante una estrecha relación con la exclusividad. Ambos establecieron de esta manera eso que podemos llamar muy rigurosamente la *frontera antropológica,* o ese límite teórico-jurídico-político que separa humanos de no humanos permitiendo, a su vez, que toda relación entre ellos sea jerárquica. Tanto Platón como Aristóteles se preguntan en momentos clave de sus obras algo así como ¿cuál es la función (ἔργον, *érgon)* propia *(ideon)* del hombre? (*República,* 352e; *Ética a Nicómaco,* 1098a). Y lo resuelven cada vez, más que descubriendo, *fundando* su función *exclusiva:* la razón. El problema de fondo es la cadena de asociaciones que aquí se bosqueja: si relacionamos la identidad con lo propio, y esto con lo exclusivo, entonces solo hay un paso hacia la pureza, esa que es bandera de lucha para todos los nacionalismos, racismos, clasismos, etnocentrismos, etc. Es a partir de esta idea que los filósofos escolásticos plantearon el concepto de «esencia» y de lo «esencial»[9] para referirse a este conjunto de características propias y exclusivas. Fue así, mediante la esencia, que también fue tomada por la escolástica como un principio de conocimiento, es decir, como lo que podía decirnos la verdad sobre el ser de algo de la forma más precisa, que fue posible hablar por primera vez de la identidad. Y ya que también esta tradición, como la filosofía griega que la antecede, pensó que había continuidad entre el ser, el pensamiento y el lenguaje, la definición lingüística se ligó también a la esencia. Estos movimientos argumentativos le dieron a la filosofía un incipiente criterio para hacer juicios correctos sobre las cosas, pues la esencia permite solo *una* definición, evitando así toda polisemia. Ciertamente, esto fue —y sigue siendo en diversos contextos— muy útil; pensemos en todos los problemas que nos da la polisemia cuando tratamos de definir algo, y cómo siempre estamos tratando de reducir el significado multívoco de las cosas para

---

9 Cf. T. de Aquino, *De ente et essentia,* Valparaíso, Ediciones Universitarias de Valparaíso, 2005.

comprenderlas mejor. Sin embargo, mediante el *idion* como categoría lógica para describir las cosas, los griegos nos legaron un instrumento para controlar cualquier difusión de sentido y una poderosa herramienta para clasificar todo en este mundo: mediante la fundación de lo propio y exclusivo de cada cosa.

Notemos que lo que está en juego en esta interpretación clásica de la identidad es la posibilidad misma de trazar un límite, más propiamente —por sus efectos jurídico-políticos— una *frontera*, entre lo «interior» o esencial y lo «exterior» o accidental. Esta frontera no permite solo delimitar y definir sin polisemia, sino que también justifica toda jerarquización y exclusión de lo que no se negocia inmediata y claramente con lo exclusivo. Sin embargo, siguiendo a Fischler, es justamente aquella frontera la que el principio de incorporación hace temblar y cuyo trazo amenaza con interrumpir. ¿Es que debemos transformar nuestro concepto de identidad o, más bien, de lo que se trata es de abandonarlo por completo? No podemos contestar aún estas cuestiones, pero lo cierto hasta aquí es que la efectividad del principio de incorporación no acaba en estos nudos. De ahora en adelante, será en torno a ellos donde aparezca la cuestión más problemática en relación con la identidad. Pues, ¿cómo puedo *efectivamente* ser lo que como en otros niveles, no solo en el nivel biológico, fisiológico? ¿Cómo puedo ser lo que como en el nivel psicológico? ¿Qué significa ser lo que como en el nivel ético? ¿Político? ¿Cultural? ¿Incluso filosófico? Centrémonos ahora un momento en Nietzsche.

Nietzsche o cómo se llega a ser lo que se come

Nietzsche es probablemente el único autor de la tradición occidental que acuñó —aunque tardíamente— una cierta idea filosófica explícita de lo que el principio de incorporación implica.

En el texto que nombrábamos, *Ecce homo,* Nietzsche hace una interpretación propia y original del principio de incorporación, que interesa sobre todo a la filosofía alemana. Teniendo la forma general de una ontología del comer como las que explorábamos al comienzo, no tiene, sin embargo, ni la forma de una biología ni la de una antropología, ni siquiera la de una psicología, ética o política. Se trata de una nueva variante, una suerte de nacional-filosofismo culinario, que entrelaza sin mayor propedéutica el modo de comer de la nación alemana con las formas históricas de hacer filosofía en ese territorio, en esa cultura del llamado pueblo alemán. La introducción de la cuestión guarda relación con el problema —de altísimo interés— de la salvación de la humanidad: «Muy de otro modo me interesa una cuestión de la cual, más que de ninguna rareza de teólogos, depende la "salvación de la humanidad": el problema de la alimentación», y en seguida lo formula, al igual que los autores ya citados, a modo de un principio: «¿Cómo has de alimentarte *en tu caso* para lograr tu máximo de fuerza, de virtud [vigor] al estilo del Renacimiento, de virtud libre de moralina?».[10] Una relación más específica entre comer y moralidad, entre comer y ser virtuoso, ser *vir:* ser fuerte. La moral es el gran terreno del principio de incorporación, y es algo que Nietzsche ya nos había dicho en un texto casi contemporáneo, de 1886, *La genealogía de la moral.*

Un primer indicio de cómo opera el principio de incorporación en Nietzsche lo encontramos precisamente allí, en relación con la díada memoria-olvido. «Criar a un animal que *pueda permitirse prometer*»,[11] decía Nietzsche, es la condición primordial de la moral tal y como la conocemos por nuestra tradición: moral débil, afirma Nietzsche, moral que niega los instintos de

---

10   F. Nietzsche, *Ecce homo,* en *Obras completas IV,* Madrid, Taurus, 2018, p. 796.
11   *Id., La genealogía de la moral,* en *Obras completas IV, op. cit.,* p. 484.

la vida y, con ello, su sentido trascendente. Si bien Nietzsche no negará la utilidad de la memoria para la cultura, también advertirá sobre el peligro que comporta como instrumento de civilización. La estructura de la promesa es así la base de la moral occidental (especialmente alemana): te permite decir que harás algo que, desde que lo dices, *debes* hacer. Promesa y deber están entrelazados. Las promesas, por tanto, requieren de la memoria para cumplirse, y esta se vuelve entonces un dispositivo de control hecho a la medida de esa moralina. Contra este dispositivo, solo un impulso de olvido, un más general instinto de inhibición debe operar. Nietzsche es enfático cuando precisa que este «instinto» es, sin embargo, una facultad activa y no una mera *vis inertiae* pues, aunque los «insustanciales» se escandalicen, dicha facultad es la condición misma de todo conocimiento, de toda ideación. ¿Pero cómo un olvido activo permitiría efectivamente configurar una nueva idea, virtualizar nuestra experiencia sensible del mundo? Aquí es donde se encuentra el punto de inflexión que nos interesa, y está mediado trópicamente: se trata de una metonimia estructural de este período de la filosofía nietzscheana, que consiste en la sustitución del proceso de idealización por el de digestión. La transposición está regulada por un tercer término, la noción de *incorporación (Einverleibung).* En efecto, Nietzsche hace una comparación explícita entre incorporación en sentido literal, como «pasar a formar parte del cuerpo», e idealización que, por semejanza, Nietzsche llama *inspirituación (Einverseelung),* o «pasar a formar parte del alma/espíritu».[12] Estas analogías entre los procesos del cuerpo y los del alma no son extrañas en Nietzsche y se siguen probablemente de su protesta antiidealista, es decir, de la crítica al desprecio del cuerpo que dicha filosofía ha instalado en la historia del pensamiento, de Platón a Kant. Analogía que además está cargada epistemológi-

12 *Ibid.,* p. 484.

camente, al menos si volvemos a la década de 1870, época en la cual Nietzsche está profundamente concernido con el estudio de la retórica clásica, tanto griega como latina. Analizando los postulados de Aristóteles, Cicerón y hasta Quintiliano, Nietzsche llega a configurar en este período una genuina tesis retórica sobre la verdad, según la cual «toda expresión no es más que un símbolo»,[13] pues realmente «no hay ninguna naturalidad no retórica en el lenguaje».[14] Esto quiere decir que lo que llamamos normalmente «significado» nunca es una representación estrictamente propia de la cosa, sino siempre una flexible figuración, un *schema*. Si estas tesis han de tomarse en toda su seriedad, tenemos que la ideación no es solo estilística o pedagógicamente un análogo de la digestión, sino probablemente no puede hallarse un sentido más propio para explicar la formación de ideas a partir de las afecciones que mediante la figura del metabolismo.

Como señalábamos, el olvido como facultad activa es necesario para la inspirituación, o la incorporación virtual en la conciencia de un hecho que es en principio únicamente material-afectivo. Pero no es fácil cultivar el olvido en una sociedad de memoria, pues en ella habita «la persona en el que ese aparato de inhibición está dañado y no funciona».[15] El olvido, como cierta capacidad vital del animal humano para interrumpir los procesos civilizatorios —y opresivos— que se producen gracias a la memoria excesiva, es, así, sistemáticamente reprimido, favoreciendo una suerte de enfermedad de archivo, donde todo debe ser recopilado, categorizado, archivado, memorizado. El olvido como mal de la civilización es, al mismo tiempo, un bien de la cultura, entendida nuevamente en base a un tropo natural. Dicha persona, el sujeto de la moral, siguiendo nuestra metonimia

---

13 F. Nietzsche, *Descripción de la retórica antigua (1872)*, en *Obras completas II*, Madrid, Taurus, 2018, p. 847.
14 *Ibid.*, p. 831.
15 F. Nietzsche, *La genealogía de la moral, op. cit.*, p. 484.

estructural, «se puede comparar —*y no solo comparar*— a un *dispéptico,* no logra "despachar" *[fertig]* nada»,[16] dice Nietzsche. Un hombre incapaz de olvido es un hombre con mala digestión mental. O también: la memoria y el deber que ella posibilita no dejan digerir, interrumpen toda digestión. Esto se debe a que el olvido es una capacidad de «hacer espacio», mediante activos modos de producir *tabula rasa.* De vez en cuando, necesitamos el silencio, «cerrar puertas y ventanas de la conciencia», de modo que lo nuevo de cada ideación pueda en efecto penetrar en nosotros.

Siguiendo nuestra analogía, el olvido es un momento genuinamente escatológico en el proceso de idealización, y en su doble y polémico sentido: se requiere evacuar la mente para hacer espacio para una nueva digestión, un necesario expulsar, que no es sino un trascender, un llevar «más allá» de los límites del espíritu humano aquello que se ha acumulado ya bastante tiempo y que tiene, por lo mismo, la forma del resto, de lo que resta de una operación de inspirituación. Es necesario no guardar demasiado tiempo ese resto dentro del cuerpo espiritual, pues de otro modo no habrá sitio para nuevas digestiones/ideaciones. La persona que no tiene la sana costumbre de evacuar los restos de su conciencia propicia inevitablemente la fermentación de dichos restos acumulados, su *sublimación,* nuevamente, en el doble sentido de la palabra: el paso de lo sólido a lo gaseoso o la excesiva eterización de sus ideas, su excesiva —e indeseable— sobreabstracción. Llena de formas gaseosas que terminan por nublar toda cognición, y con odiosos e indeseados efectos, es la conciencia del dispéptico espiritual; tal como se comporta el cuerpo de quien no descarga sus intestinos con frecuencia saludable para volver, sin trastornos, a incorporar el alimento vital que requiere para aumentar su vigor.

16   *Ibid.,* 485.

Esta analogía metonímica, esta sustitución de un proceso espiritual por uno corporal que opera en Nietzsche tiene, sin duda, muchísimo rendimiento conceptual para la filosofía, más allá de que se trate, como en nuestro caso, de una filosofía del comer. Es, en efecto, una transposición clave para toda epistemología que pretenda entender profundamente los procesos de virtualización que lleva a cabo nuestro aparato cognitivo. El olvido no es así un fetichismo epistémico-nihilista de Nietzsche —como quizás lo juzgaría la herencia idealista—, ni un instrumento clave para el éxito de la voluntad —como lo señalaría la perversión neoliberal del Nietzsche *coach*—;[17] en estricta analogía con la defecación, el olvido es un proceso alta y vitalmente necesario, aun cuando pueda parecernos desagradable e indeseable. Pues si realmente llega a convencernos de que idear —y todo lo que le está asociado: simbolizar, significar, hasta conceptualizar— *es como* digerir, no debemos olvidar lo necesario que es *cagar* en todo proceso de incorporación de alimentos. De esta manera, es necesario que nuestra consciencia pueda también *cagar,* pues una consciencia estreñida no permite nuevas inspirituaciones, generando así la molesta dispepsia, descrita por la RAE como la «enfermedad crónica caracterizada por la digestión laboriosa e imperfecta». Ya es tiempo de seguir a Nietzsche más allá de sus fijaciones académicas, más allá de sus cooptaciones tanto idealistas como neoliberales. Es tiempo de leer a Nietzsche más de cerca, de seguirlo incluso en lo que nos parece molesto. En ese espíritu, quizás, sería imperativo que el volumen que siga a esta obra que escribimos no pueda ser sino una filosofía del cagar.

Volvamos a los textos. En *Ecce homo,* la referencia a una dietética es directa y, con ella, su lazo de sentido con las «bases» de la cultura alemana, sus preparaciones culinarias:

---

17 Por ejemplo, R. Echeverría, *Mi Nietzsche. La filosofía del devenir y el emprendimiento*, Santiago de Chile, Comunicaciones Noreste, 1985.

Solo la perfecta banalidad de nuestra cultura alemana —su «idealismo»— me explica en cierta medida por qué, justo en este punto, he sido yo tan retrasado que lindaba con la santidad. Esta «cultura» que enseña desde el comienzo a perder de vista las *realidades,* para lanzarse a la caza de metas sumamente problemáticas, llamadas metas «ideales» [...]. De hecho, hasta los años de mi plena madurez, siempre he comido *mal* —dicho en términos morales, he comido de forma «impersonal», «desinteresada», «altruista», a la salud de los cocineros y otros compañeros en Cristo—. Con la cocina de Leipzig, por ejemplo, coetánea a mi primer estudio de Schopenhauer (1865), negué muy seriamente mi «voluntad de vivir». Procurarse una alimentación insuficiente y, encima, echarse a perder el estómago —este problema me parecía resuelto de manera admirable por dicha cocina (se dice que el año 1866 habría supuesto un cambio al respecto)—. Pero la cocina alemana en general, ¡qué es lo que no pesa sobre su conciencia! ¡La sopa *antes* de la comida! (todavía en los libros de cocina venecianos del siglo XVI se la denomina *alla tedesca* [a la alemana]); las carnes demasiado cocidas, las verduras grasas y harinosas; ¡la degeneración de los postres hasta parecer pisapapeles! Si a esto se añade además la necesidad, francamente bestial, de los viejos alemanes, y no solo de los *viejos,* de beber tras las comidas, se comprenderá también la procedencia del espíritu alemán de intestinos revueltos. El espíritu alemán es una indigestión, no llega a dar término a nada. Pero también la dieta *inglesa,* que, en comparación con la alemana, e incluso con la francesa, es una especie de «vuelta a la naturaleza», o sea, al canibalismo, repugna profundamente a mi instinto más propio; me parece que le proporciona al espíritu pies *pesados* —pies de inglesas...[18]

---

18 F. Nietzsche, *Ecce homo, op. cit.,* p. 797.

A pesar del tono intenso e irónico del escrito, estas reflexiones no pueden dejar de sorprendernos. ¿Qué es lo que certeramente nos puede decir la comida alemana de su filosofía? La traducción entre ambos campos, aquella analogía metonímica es, sin duda, un gran desafío para el principio de incorporación. Como antecedente, tomemos algunas ideas de Jacques Derrida que se encuentran en un seminario aún inédito.[19] Allí, señala Derrida que Nietzsche es uno de los poco filósofos —y cuenta entre ellos también a Rousseau— en realizar una interpretación de las comunidades nacionales que «ordena el gusto de una nación, el gusto y el estilo en general, mediante el gusto en sentido estrictamente gustativo, mediante la cocina nacional. Su antropología de las naciones es un discurso culinario o una gastronomía».[20] El ejemplo que nos ofrece es el del supuesto «canibalismo» inglés: su afamada costumbre de comer abundante carne se relaciona para Nietzsche con un estado «natural» que nada tiene que ver con su propio «naturalismo» o saber fisiológico. Derrida se vuelve luego hacia Rousseau, quien, cual precursor del pensador germano, en su *Julia o la nueva Eloísa*, de 1756, declaraba ya que, «en general, se podría tener algún indicio del carácter de la gente según los alimentos que prefiere», para luego seguir: «Ustedes, ingleses, grandes comedores de carne, mantienen en sus inflexibles virtudes algo de duro y de bárbaro».[21]

Intentemos ahora descifrar la singular relación entre la cocina de Alemania y su filosofía. Como ya nos ha acostumbrado a pensar Deleuze, Nietzsche es un filósofo de las fuerzas. Su proyecto, si como tal existió, siempre intentó desligarse del idealismo en pos de una suerte de materialismo de las fuerzas vita-

19 J. Derrida, *Manger l'autre. Politiques de l'amitié* (1989-1990), Seminario inédito archivado en la Derrida Collection /Critical Theory Collection/ Special Collections and Archives/ UCI Library, California. Box 10, files 8-15.
20 *Ibid.*, quinta sesión.
21 J.J. Rousseau, *Julia o la nueva Eloísa*, Madrid, Akal, 2007, p. 499.

les, tal como lo expresa su concepto de «voluntad del poder».[22] Como enfatizábamos, es asimismo un pensador de la virtud como vigor, es decir, de la *potencia* moral. Esto choca, en su filosofía, con el privilegio de las formas sobre el cual trabaja el idealismo. Esos ideales, para Nietzsche, parecen no estar nunca lo suficientemente ligados a las fuerzas de la vida que, por esta misma lejanía, el idealismo descalifica. Sobre esta situación histórica que ha dado hegemonía al idealismo sobre todo materialismo, la jugada fundamental de Nietzsche consiste en mostrar cómo esta autonomía de la idea que profesa el primero tiene un coste alto para la filosofía: generar una brecha insalvable con lo concreto y material de la experiencia y, con ello, no poder dar cuenta de sí misma más que mediante metáforas y tropos. Como adelantábamos más arriba, la tradición filosófica occidental —desde la expulsión de los sofistas de la república por parte de Platón— ha sido constante en marginar el uso de tropos retóricos, otorgándoles funciones únicamente pedagógicas, hasta meramente estéticas. Entre 1869 y 1875, Nietzsche realiza completos estudios filológicos y retóricos que le permiten constatar la crucial función epistémica que tienen los tropos en la filosofía. Concluye que, siendo las metáforas formas de significar tributarias en primera instancia de la experiencia sensorial, ellas se virtualizan y se autonomizan de dichas experiencias progresivamente, a medida en que se intercambian en una sociedad, llegando a generar el efecto de un nombre propio ideal que no es sino producto del desgaste de la cara material de dicho significado —Nietzsche utiliza, a su vez, una metáfora: la del intercambio económico y su efecto sobre el valor semántico—. Por otro lado, el idealismo, en la medida en que niega esta génesis de lo ideal en lo sensorial, reprimiendo lo más posible el uso de metáforas con función especulativa en filosofía, queda —al igual que aquellos dispépticos

22 G. Deleuze, *Nietzsche y la filosofía*, Barcelona, Anagrama, 2016.

de la *Genealogía*— en un estado casi literal de indigestión. Dado que la metaforización media la producción de sentido ideal, desde las primeras percepciones sensoriales, funciona análogamente al movimiento de digestión. Esta analogía no es una mera comparación, una entre otras posibles: es ya su sentido propio. En conclusión, quien sigue el ritmo y la norma de la filosofía alemana, ideal tanto en su teoría del conocimiento como en su moral del deber, no digiere bien. De allí que Nietzsche también afirme que «Todos los prejuicios proceden de los intestinos»,[23] en la medida en que prejuzgar, el acto que antecede al juicio sobre la realidad, concreto como esta, se proyecta, se calcula, se impone a la experiencia de aquella realidad.

El idealismo como tendencia a la reducción de la realidad material que sustenta la idea es también, por las mismas razones, negación del cuerpo. Vemos así cómo el lamento de Nietzsche respecto de su constante mala alimentación está en relación directa con el idealismo como «enfermedad», que lleva a preferir la razón por sobre la vida corporal. Comer «desinteresadamente» o «altruistamente» no es sino comer sin prestar atención a lo que el cuerpo por sí mismo demanda, a sus intereses vitales y fisiológicos. En su vida «faltaba todo *cuidado de sí*», declara Nietzsche más adelante. Es justamente una *sabiduría dietética* más que un *adiestramiento moral* lo que estuvo ausente: «la ignorancia *in physiologicis* (en cuestiones de fisiología) —el maldito «idealismo»— es la auténtica calamidad de mi vida», confiesa. Como señala Derrida en el texto antes mencionado, en Nietzsche podemos llamar «dietética» «a todo lo que concierne a la salud del cuerpo recobrada por la alimentación, contra todos los "se debe" de la moral y de la religión»;[24] esto haría de la dietética nietzscheana una ética

---

23   F. Nietzsche, *Ecce homo, op, cit.*, p. 798.
24   J. Derrida, *Manger l'autre, op. cit.*, séptima sesión.

en sentido profundo, que tiene a lo natural-fisiológico como norma. Esta ética deviene así una suerte de naturalismo que, sin embargo, rompe con ese «estado natural» propio de los carnívoros caníbales —como los ingleses— y con toda determinación metafísica de la naturaleza. Es por esto que el Nietzsche de 1888 lamenta también haber sido filólogo y no médico. Es el mismo Nietzsche que, en su análisis de *Más allá del bien y del mal,* destaca la influencia dietética que contiene la crítica a la Modernidad : «Si se tiene en cuenta que este libro viene *después* del *Zaratustra,* tal vez se adivine también el régimen dietético a que debe su surgimiento».[25] Dicha dietética, aquella que condiciona la Gran Salud,[26] es la causa más directa de la potencia crítica del Nietzsche tardío, la única sabiduría que le abrió el camino de la afirmación: del santo decir sí.

Sin embargo, décadas de cocina alemana, inseparable de su sustitución trópica con el idealismo, le causaron inevitablemente todas aquellas enfermedades que lo aquejaron durante su vida, y de las que solo puede tardíamente lamentarse. Pues la cocina alemana, tal como su filosofía, es pesada: difícil de digerir. Es además dietéticamente dañina, pues impone al juicio singular y concreto todo el peso de la prefiguración o el prejuicio —de la sopa *antes* de la comida— como si la comida por sí misma no fuese suficiente para nutrir a un organismo sano completo. Es además altamente flatulenta: la cerveza después de comer no puede aportar más que a la fermentación de lo que se ingiere, es decir, a su sublimación. Esta sublimación no es lejana en analogía con la espiritualización de la materia, como su gasificación más sutil, lo que la convierte en un soplo espiritual. En ese sentido, es también artificiosa: supera con creces la

---

25   F. Nietzsche, *Ecce homo, op. cit.,* p. 843.
26   Cf. F. Nietzsche, *La gaya ciencia,* en *Obras completas III,* Madrid, Taurus, 2017, p. 893.

simplicidad de la fuerza, su energética no estratificada. Así de artificioso es el idealismo, en la medida en que en lugar de tomar a la naturaleza tal como se da, intenta colocarle el estrecho *corset* de las estructuras espirituales para comprenderla. De esta manera es como Nietzsche comienza todo un proceso analógico inédito en la filosofía, que bosqueja una identidad fuertemente filosófica, como la alemana, con un modo de cocinar y de comer; del mismo modo, la crítica a dicha filosofía se intercambia por la única dietética capaz de superarla.

Vemos entonces que, de Feuerbach a Nietzsche, una ontología del comer se basa en su posibilidad de formularse retóricamente: de eso se trataría toda ontología material. Todas estas meditaciones están, en última instancia, orientadas hacia la pregunta por la posibilidad efectiva de una filosofía del comer. No tanto de una filosofía que tenga como tema u objeto a la alimentación; no, por tanto, una filosofía aplicada. Sino, más bien, la posibilidad de hacer del comer mismo la forma material de una filosofía por venir. Si es cierto que somos lo que comemos, entonces no es descabellado pensar en una ontología del comer: nuestro ser no solo está hecho de alimentos, sino que se constituye siempre en un acto de incorporación de lo otro, cuya estructura primaria es la alimentación. Si esto es sostenible, habría que reconfigurar todas las formas de la *relación* a partir de esta tesis de la incorporación. ¿Cuál sería el resultado filosófico y político de esta operación? Quizás, una *ontología relacional* que no podría ser simplemente material ni simplemente inmaterial. Como el comer mismo: relato y ciencia, misterio y efectividad.

Antropologías

Si bien hemos mostrado cómo la filosofía ha sido precursora en ensayar una ontología del comer, es necesario hacer justicia a otra disciplina discursiva, mucho más joven, pero no por eso menos fecunda. A fines del siglo XIX, y sosteniendo la operatividad del principio de incorporación, toda una nueva episteme se funda en Occidente. Nos referimos a esa ciencia social que se ha llamado «antropología», y de cuyo núcleo emerge toda una rama de estudios culturales en los que la alimentación obtiene, por fin, un lugar legítimo. Pues no sería erróneo decir que es gracias a la antropología que la alimentación —y la cocina que la condiciona— llega a ser tema para las ciencias humanas. Habría que esperar, en todo caso, hasta el siglo XX, momento en que la antropología se constituye formalmente como campo de saber autónomo, desligado ya del poder político-económico del colonialismo europeo. Podemos datar los estudios sobre los modos de comer desde la década de 1970, y su introducción al saber antropológico sin duda abrió una nueva vía de acceso al entendimiento del *ethos* y *etnos* de los pueblos alrededor del globo. Tal como lo bosquejamos de la mano de Fischler, analizar los modos de ser culturales a partir de lo que las culturas comen tiene la pretensión de aplicar el principio de incorporación y de generar una nueva herramienta hermenéutica para este campo de estudios que, sin duda, ha tenido gran impacto —mucho más que la filosofía.

Pero además, y a pesar de ser muy complicada, la antropología ha logrado que esta cuestión se instale fuertemente en nuestro imaginario cotidiano, más acá de los círculos académicos, desde hace ya varias décadas. En nuestros tiempos —inaugurados por Anthony Bourdain y continuados por *Somebody feed Phil;* tiempos del Food Channel y de *La mesa del chef* en Netflix— no hace falta ser antropólogo de profesión para hallar extravagantes conexiones entre comidas y modos de ser culturales. Por exponer un caso que nos es cercano, los chilenos somos en nuestro propio imaginario «empanadas y vino tinto», como la revolución socialista de Salvador Allende; somos también cazuela, universalidad cósmica y materialidad terrena, como la olla «trascendental» de Sonia Montecino;[27] somos además, y en gran medida, *porotos* y toda una multitud de preparaciones populares, esencia de nuestro ser-roto, como sugiere Pablo de Rokha.[28] Y a pesar de que para una alta masa —tanto crítica como acrítica— estas asociaciones suenan prácticamente evidentes, no es fácil, en el nivel científico, establecerlas ¿Qué dice realmente de nosotros la empanada? ¿Qué dice del carácter cultural de eso que llamamos Chile? ¿Es que realmente dice algo, al menos algo que podamos efectivamente descifrar y comprender?

Intentemos, entonces, hacer un recorrido esquemático por la tesis de que «el humano es lo que come» desde el punto de vista de la antropología cultural. Ensayemos tomar el principio de incorporación como índice para entrar en este gran problema, a saber, el de «la identidad cultural». Un problema en sí mismo, tanto para la antropología como para la filosofía —como lo esbozábamos al comenzar este capítulo—, que se vuelve incluso más problemático cuando se entra en él a partir de la comida. Quisiéramos revisar algunos postulados cruciales de dos grandes pensadores de la antropología cultural del siglo xx que, en muchos sentidos, son los genuinos precursores de los estudios sobre alimentación: Claude Lévi-Strauss y Marvin Harris. Los hemos

---

27 Cf. S. Montecino, *La olla deleitosa. Cocinas mestizas de Chile, op. cit.*

28 «Roto» es el nombre que los chilenos dan a su personaje más popular e identitario: pobre, sufrido y triste; pero también valiente, indómito y generoso. Aquel que es capaz de erguirse como un toro, dice Fernando González Marabolí, pero cuyo nombre leído al revés «siguiendo la costumbre árabe de leer de derecha a izquierda, quedaría para siempre en "roto" (toro = roto) minimizando, de esta manera, la estirpe y valía de este líder popular» (S. Claro, *Chilena o cueca tradicional. De acuerdo con las enseñanzas de don Fernando González Marabolí,* Santiago de Chile, Ediciones uc, 1994, p. 46). Lo citamos aquí refiriendo a esa melancólica apología de la identidad popular escrita por Pablo de Rokha, *La rotología del poroto* (en *Nueva Antología de Pablo de Rokha,* Santiago de Chile, Sinfronteras, 1987), que enlaza —determinando quizás para siempre su destino— al pueblo y su comida más cotidiana y propia: el roto y el poroto.

escogido porque, al analizar la historia de los paradigmas epistémicos de la antropología cultural, encontramos que se trata de
pensadores que se hallan en extremos opuestos, en las antípodas
el uno del otro; sus tesis fundacionales son rivales, aunque en sus
temas se encuentran como amigos. Esta polaridad nos ayudará
a cubrir un amplio espectro de posturas teóricas sobre el principio de incorporación en el nivel antropológico, permitiéndonos
incluso un paso posterior: ni más ni menos que la antropofagia.

Harris y lo bueno para comer

Marvin Harris es un antropólogo estadounidense cuya obra
publicada se extiende desde principios de la década de 1950
hasta fines de la de 1990. Como suele suceder, gracias a las lógicas filiales aún persistentes en las ciencias, se lo llamó «el padre» de la antropología material o funcional. Esto quiere decir
que su propuesta epistémica para la antropología pone énfasis
tanto en las condiciones materiales que propician ciertas conductas y hábitos culturales como en su funcionalidad para la
vida y la supervivencia de los pueblos. Nos interesa comenzar
con él a pesar de que su obra no solo es posterior a la de Lévi-
Strauss, sino que se nutre de —y contra— ella, debido a que se
trata de una propuesta bastante más intuitiva que la del estructuralismo de Lévi-Strauss. El funcionalismo que profesó Harris es una teoría antropológica con marcada herencia marxista,
determinada por el fuerte materialismo histórico que presenta
en sus explicaciones. Exploraremos el texto de 1985, *Bueno
para comer. Enigmas de alimentación y cultura*,[29] cuya principal
pretensión no es sino responder a la cuestión de la identidad

---

29 M. Harris, *Bueno para comer. Enigmas de alimentación y cultura*, Madrid,
Alianza, 1999.

cultural desde el modo en que los pueblos se alimentan, que es analizado a partir de un punto de vista eminentemente funcional. Como lo explica muy lúcidamente Claude Fischler, el funcionalismo es una perspectiva según la cual «todo rasgo de la cultura alimentaria cumple una función muy específica; el único medio de hacer aparecer esta función es ligar el rasgo en cuestión a un fenómeno de orden extracultural o material, por ejemplo, biológico o físico».[30]

El mismo Fischler puede leerse como un representante tardío de esta corriente explicativa, en la medida en que analiza la importancia de la cocina en la cultura a partir de nuestra condición de animales omnívoros,[31] según la cual cumple la función fundamental de permitirnos alimentarnos de manera nutricionalmente satisfactoria. Pero más allá de una tesis de tipo trascendental-fáctica como esta —la cocina es condición de la vida omnívora—, Harris está interesado en responder preguntas aún más modestas y cotidianas. Los interrogantes clave que guían todo el estudio contenido en *Bueno para comer* son sintetizados por el mismo Harris al comienzo de sus reflexiones:

¿Por qué son tan distintos los hábitos alimentarios de los seres humanos? ¿Pueden los antropólogos explicar por qué aparecen determinadas preferencias y evitaciones *(avoidances)* alimentarias en unas culturas y no en otras? Creo que sí. A lo mejor no en todos los casos, ni hasta el último detalle. Pero, en general, las gentes hacen lo que hacen por buenas y suficientes razones prácticas y la comida no es a este respecto una excepción.[32]

---

30 C. Fischler, *El (h)omnívoro, op. cit.*, p. 41.
31 *Ibid.*, p. 65.
32 M. Harris, *Bueno para comer, op. cit.*, p. 3.

Estas preguntas dan precisamente en el meollo de los asuntos antropológicos sobre la alimentación. Y las respuestas adecuadas que debe dar el antropólogo son siempre del orden de las *buenas y suficientes razones prácticas*. Un par de ejemplos nucleares en los análisis de Harris se concentran en las preguntas más específicas —derivadas de las citadas—: ¿por qué los judíos no comen cerdo? ¿O por qué los hindúes no comen vacuno? Estas son clásicas e ilustrativas cuestiones que, a la luz de los dos autores que nos convocan en este apartado, podrían tener al menos dos grandes posibilidades de respuesta: el estructuralismo de Lévi-Strauss daría una de corte mítico o propiamente discursivo, que se mueve solo en el nivel del significado inmaterial o simbólico, religioso en este caso —se podría decir que el cerdo *representa* o *simboliza* la impureza, la contaminación, por lo tanto, su carne nos vuelve impuros al incorporarla; o que la vaca, al dar la nutricia leche, *representa* o *simboliza* la vía láctea, es decir, el cosmos mismo y a su generosa abundancia, por lo que es sagrada e intocable—. Como es patente, este tipo de explicación no tiene nada que ver con si el cerdo es puro o impuro, o si la vaca es sagrada o pagana *en sí misma,* pues es la *representación* del cerdo y de la vaca la que comporta dichos valores. Marvin Harris, como buen funcionalista, está muy alejado de una respuesta como esta; si bien él no se atrevería a negar que estas explicaciones míticas o simbólicas son parte del discurso de una sociedad, sostiene que la explicación última que conecta lo que comemos con lo que somos es una explicación funcional, basada en la utilidad: los judíos no comen carne de cerdo y los hindúes no comen carne de vaca porque «las cocinas más carnívoras están relacionadas con densidades de población bajas y una falta de necesidad de tierras para cultivo o de adecuación de estas para la agricultura».[33] Dado que

33 *Ibid.*, p. 5.

el caso de ambos pueblos es el opuesto, deducimos que fue más útil para ellos —cada uno con razones histórico-geográficas específicas— no comer dicha carne que comerla. Que esto *de hecho* se cubra luego con un aura simbólica, justamente el área en el que ha desplegado su jurisdicción teórica el estructuralismo —solamente en el nivel discursivo—, es solo un efecto, un derivado, e incluso a veces una perversión —porque es fantasmal— de una primera causa estrictamente funcional. Con plena conciencia de esta diferencia con el estructuralismo de Lévi-Strauss, Harris vuelve a preguntar:

> Ahora bien, ¿qué aparece antes, los mensajes y significados o las preferencias y aversiones? Ampliando el alcance de una célebre máxima de Claude Lévi-Strauss, algunos alimentos son «buenos para pensar» y otros «malos para pensar». Sostengo, no obstante, que el hecho de que sean buenos o malos para pensar depende de que sean *buenos o malos para comer*. La comida debe nutrir el estómago colectivo antes de poder alimentar la mente colectiva.[34]

En un pequeño movimiento de *zig zag*, detengámonos brevemente en la idea lévi-straussiana de que los alimentos son malos o buenos *para pensar:* dentro de la propuesta estructuralista, las preferencias alimentarias producen un sistema categorial, cuya lógica es figurativa, que permite a los distintos pueblos pensar su mundo de una determinada manera. Cada cultura, con y a través de sus alimentos, piensa mucho más concluyentemente de lo que se nutre con ellos. En unos momentos volveremos sobre esta idea, sobre la que se asientan los clásicos conceptos de lo crudo y lo cocido: el alimento, en cualquiera de sus formas de cocción —o libre de ellas— representa figurativamente múltiples modos que tienen los pueblos de relacionarse con

---

34 *Ibid.* Cursivas nuestras.

su entorno, y ninguna preferencia alimentaria podría darse sin esta ligazón de la comida con estos sistemas conceptuales.

Pero en el caso de Harris, la relación debe ser invertida: el alimento es, ante todo, aquello que sirve a la nutrición y a otras necesidades de supervivencia, y solo luego sirve para entender y conceptualizar el mundo. La postura de Harris es radicalmente antifigurativa, es decir, propicia el valor de uso de los alimentos por todos sus valores de cambio —en este caso, semánticos—. «Los alimentos preferidos (buenos para comer) son aquellos que presentan una relación de costes y beneficios prácticos más favorables que los alimentos que se evitan (malos para comer)»,[35] dice Harris, explicitando el criterio del funcionalismo cultural alimentario: coste-beneficio, un cálculo económico que las comunidades realizan respecto de ciertos alimentos, ya sea en su etapa de producción como en la de su consumo y, sobre todo, en relación a su capacidad nutricional: «Los costes y beneficios en materia de nutrición constituyen una parte fundamental de esta relación: los alimentos preferidos reúnen, en general, más energía, proteínas, vitaminas o minerales por unidad que los evitados».[36] Sin embargo, no es solo la nutrición lo que puede darnos la clave para una explicación funcional, pues «algunos alimentos son sumamente nutritivos, pero la gente los desprecia porque su producción exige demasiado tiempo o esfuerzo o por sus efectos negativos sobre el suelo, la flora y fauna, y otros aspectos del medio ambiente».[37] He aquí la lógica explicativa de los hábitos alimentarios de un pueblo, y no hay más vuelta que darle; referirla a otro nivel —normalmente calificado como «superior» o «espiritual»— sería obviar las condiciones históricas y materiales de la exis-

35 *Ibid.*
36 *Ibid.*
37 *Ibid.*

tencia humana en este planeta, y la relación que esas condiciones tienen con su alimentación. Una nueva sublimación de lo fáctico y lo concreto, más gaseosa que espiritual: una nueva forma de dispepsia ahora cultural es lo que amenaza —para Harris— siempre a toda teoría no funcionalista.

Aún dicha esta última palabra, sería importante agregar un comentario aclaratorio: la matriz de coste-beneficio que permite a los pueblos tomar decisiones sobre su alimentación, que luego tenderán a volverse autónomas respecto de esas situaciones concretas en las que se tomaron, debe ser también correctamente historizada. En épocas de capitalismo extensivo y salvaje, como las que vivimos hoy, sumada al exceso de población y a la ampliación explosiva de nuestras necesidades y deseos, la producción industrial de alimentos es la que saca el mejor cálculo de coste-beneficio, aunque en términos «naturales» pueda parecer poco práctica: es evidente que la causa remota de que los chilenos tengamos entre nuestras tradiciones culinarias comidas de verano distintas de las de invierno —comidas en las que abunda el maíz y el tomate, por ejemplo— se debe a que *naturalmente* era más «económico», en términos funcionales, comer maíz y tomate en verano y no en invierno. Este es un argumento de tipo funcional al que volvemos constantemente quienes somos críticos de la industria de la alimentación —quizás la más genuinamente transnacional del mundo globalizado—; y si bien suena correcto, considerado históricamente tiende a perder eficacia: pues actualmente, dadas las grandes transformaciones en los sistemas de necesidades y los avances de las capacidades tecnológicas en la agroindustria, resulta incluso más eficiente producir tomates todo el año que solo en una estación, pues de esta manera además potenciamos otros sectores productivos como los restaurantes. Observemos el ejemplo que nos ofrece Harris al respecto, centrado en la producción de leche:

En economías de mercado como la de Estados Unidos, bueno para comer puede significar bueno para vender, independientemente de las consecuencias nutritivas. La venta de sustitutos solubles de la leche materna es un ejemplo clásico en que la rentabilidad tiene prioridad sobre la nutrición y la ecología. En el Tercer Mundo la alimentación con biberón es desaconsejable porque, a menudo, la fórmula se mezcla con agua sucia. Además, la leche materna es preferible porque contiene sustancias que inmunizan a las criaturas contra muchas enfermedades corrientes. Es posible que las madres obtengan un ligero beneficio al sustituir la leche materna por el biberón, ya que este les permite dejar a sus hijos al cuidado de otra persona mientras buscan trabajo en alguna fábrica. Pero al reducir las mujeres el período de lactancia, también acortan el intervalo entre embarazos. Los únicos grandes beneficiarios son las empresas transnacionales. Con el fin de vender sus productos, recurren a anuncios que inducen a las mujeres a creer erróneamente que las fórmulas para biberón son mejores para el crío que la leche materna.[38]

Habría aún que evaluar hasta qué punto la crisis ambiental actual, nuestra verdadera amenaza de apocalipsis generada especialmente por los modos agrícolas y ganaderos de producción que usamos hace ya casi un siglo, vaya a transformar radicalmente las cosas. Probablemente el principio, la matriz de cálculo, se vea obligada a cambiar, y nos veamos forzados a preferir ese tipo de alimentos que tendemos hoy cotidianamente a evitar por su alto coste de adquisición, a pesar de su eficiencia productiva y sus mayores beneficios en términos nutritivos. Nos referimos a todos aquellos productos clasificados como «orgánicos» o «biodinámicos», es decir, que garantizan haber sido producidos de forma sustentable. Si bien hoy el mercado en

38 *Ibid.*, pp. 6 s.

el que se comercian estos productos es altamente exclusivo, es probable que se vea —y ya lo estamos viendo de modo incipiente— intervenido políticamente para dejar de serlo. Pues dicha exclusividad no tiene que ver con la producción o con el producto mismo —si es más caro tener un huerto variado en lugar de un monocultivo extensivo, si es más costoso aplicar pesticidas naturales que químicos procesados, si es menos eficiente utilizar semillas nativas que unas con «derechos de autor», etc.— sino, ciertamente, con el modo en que se configuran los mercados alimentarios bajo el capitalismo neoliberal. Dicho modo tiene como principal problema a la casi obvia, aunque muy problemática, clasificación del alimento como bien de consumo o mercancía. Aunque suene contraintuitivo, el alimento no necesariamente debería ser una mercancía como cualquier otra, sujeta a las leyes del mercado —oferta y demanda— como cualquier otra, forzosamente comercializada en grandes espacios de venta al por menor —supermercados, mercados, etc.—. La «cocina de mercado» o el *fair trade* suenan bien, pero no son ni cercanamente la última palabra. Otro modo de intercambio comercial de alimentos es posible, más allá del modelo del *retail,* que además agrega innecesariamente un actor más —el intermediario— a la cadena de producción y consumo, disminuyendo las utilidades de quien es realmente la estrella de la alimentación sustentable: el productor.

No solucionaremos el problema de la alimentación neoliberal en un párrafo. Sin embargo, lo sacamos a colación porque es necesario notar que el funcionalismo antropológico es un complejo sistema de razonamiento y deliberación que nunca es individual, y que rara vez es consciente; el cálculo es cada vez multifactorial y, a pesar de su herencia crítica, no asegura una salida del círculo fantasmático del valor de cambio, sino que incluso puede generar un hundimiento progresivo y silencioso en él. Porque lo «funcional» —si se me permite la paráfrasis aristotélica— *se dice de muchas maneras.* Y así, el funcionalismo tiene una tendencia a generar, desde muchos otros lugares, sobrecomplejizaciones que terminan haciendo imposible todo cálculo completo, consciente y responsable. Un efecto probablemente inevitable de este fenómeno sea que muchas de esas complejizaciones excesivas terminan por volverse meras especulaciones, en la medida en que tener a la vista la totalidad de factores que influyen en un cálculo concreto es virtualmente imposible. Paranoias tardocapitalistas y conspiracionismos sin fundamento llenan hoy también la esfera pública del discurso alimentario. Muchos de estos discursos, funcionalistas en espíritu, terminan por estas razones coqueteando sin advertirlo con algunos de los supuestos del estructuralismo, pues las especulaciones actuales no se encuentran demasiado alejadas de las explicaciones míticas del «pensamiento salvaje»: son terminantemente irracionales, basadas en asociaciones sin sustento lógico suficiente, para concluir en la generación de discursos fideístas, a saber, discursos que no necesitan realmente razones —en sentido estricto— para sustentarse, y que además demandan no ser descalificados por carecer de ellas. Habría que no ser ingenuos con el doble vínculo del funcionalismo, con el hecho de que su cercanía con el cientificismo deviene muchas veces también, peligrosamente, en su contrario.

Pero el funcionalismo puede propiciar además procedimientos opuestos, a saber, procedimientos de explicación reductivos, que disminuyen problemáticamente las complejidades en lugar de aumentarlas. Observamos, sobre todo entre quienes se interesan por hallar explicaciones racionales y objetivas —es decir, no ya «mitológicas» o fideístas en sentido amplio— a las conductas alimentarias, una tendencia generalizada a buscar textos o incluso vídeos donde científicos, y sobre todo neurocientíficos, explican nuestra relación con la comida solo en base a algunos y muy restringidos descubrimientos experimentales: ¡en realidad se come de esta manera porque el cerebro necesita tal y tal componente químico!, como intentando desesperadamente aferrarse a algo certero y exclamar, por fin, ¡esta era la única verdad! Nos hemos dado tantas explicaciones míticas, religiosas, supersticiosas incluso, así como también explicaciones paranoicas y conspirativas, cuando la verdad era que el cerebro necesitaba X e Y, y nada más. Si nos ponemos en un lugar crítico, habría que mostrar cómo este tipo de argumentos funcionales tienden a reducir la complejidad y a generar un problema no menor al de la especulación, pero en sentido contrario. Nuevamente, asumir sin ingenuidad este doble vínculo funcionalista implica entender que, si bien es imposible sostener que no existe, o no opera, un principio de funcionalidad a la hora de la selección de los alimentos en una cultura, quizás tampoco puede reducirse a él toda elección y preferencia.

La culinaria del discurso de Lévi-Strauss[39]

En 1964, el antropólogo francés publica un texto que revolucionará el quehacer antropológico, que agitará incluso los estatutos metodológicos y los paradigmas científicos fundantes de la antropología moderna. Este texto es *Mitológicas I. Lo crudo y lo cocido,* cuyas primeras páginas consignan lo siguiente:

> El objeto de este libro es mostrar de qué modo categorías empíricas, tales como las de crudo y cocido, fresco y podrido, mojado y quemado, etc., definibles con precisión por la pura observación etnográfica y adoptando en cada ocasión el punto de vista de una cultura particular, *pueden sin embargo servir de herramientas*

---

39   Parte de este apartado corresponde al texto «Retóricas de la cocina. La culinaria del discurso de Platón a Lévi-Strauss», *Revista CUHSO* 30 (2), 2020, pp. 382-404.

conceptuales para desprender nociones abstractas y encadenarlas en proposiciones.[40]

Este es literalmente el primer párrafo del libro de Lévi-Strauss. Un primer párrafo que, sin duda, hace una promesa bastante fuerte al lector: hablar sobre categorías, sobre conceptos culinarios. En principio, estas líneas generan gran optimismo: la cocina se afirma, por fin, como tema central de un estudio científico. Y un estudio científico no menor, pues solo en este volumen (uno de tres) se analizan 187 mitos obtenidos por estudio etnográfico, de casi la misma cantidad de comunidades nativas de la región del Amazonas. Sin embargo, hace falta solo continuar la lectura del prefacio, llamado no por mero gusto literario «obertura», para notar que el texto sobre lo crudo y lo cocido *no* es en realidad un texto *sobre* lo crudo y lo cocido. Que el tema principal del texto no es en realidad ni la cocina ni las técnicas culinarias, ni mucho menos los hábitos alimenticios de los nativos amazónicos. El texto es, en realidad, una genialísima obra sobre cómo los mitos de las distintas comunidades indígenas pueden ser, en efecto, herramientas discursivas de entrada al *pensamiento salvaje* —como lo denomina en otro lugar el mismo Lévi-Strauss—,[41] a sus regímenes epistémicos de configuración de la realidad y a sus regímenes lingüísticos para expresarla y comunicarla. Cómo dice el autor más adelante:

> Nos proponemos demostrar que MI (mito de referencia) forma parte de un grupo de mitos que explican el origen de la *cocción de los alimentos (aunque tal motivo esté ausente en apariencia)*, que la cocina es concebida por el pensamiento indígena como

---

40   C. Lévi-Strauss, *Mitológicas I, Lo crudo y lo cocido,* México, FCE, 2013, p. 11. Cursivas nuestras.
41   Cf. *id., El pensamiento salvaje,* Bogotá, FCE, 1997.

una *mediación* [...] [pues los indígenas] ven en las operaciones culinarias actividades mediadoras entre el cielo y la tierra, la vida y la muerte, la naturaleza y la sociedad.[42]

Las categorías culinarias son, entonces, conceptos que permiten al antropólogo entender, a través de su presencia constante en mitos que son muchas veces compartidos por comunidades en apariencia muy distintas, ciertas *formas* que tienen los nativos de comprender su lugar en el cosmos, su relación con la naturaleza, con el otro y su condición existencial de mortales, entre otras cuestiones fundamentales. Su estructura de *medio* hace de la cocina no solo una herramienta transformadora de la materialidad de los alimentos en pos del consumo, sino que —y más fundamentalmente— ella es también una estructura simbólica con la que los indígenas se explican a sí mismos su propio mundo. La cocina es así *mediación conceptual;* este es el único sentido en el que le importa a Lévi-Strauss y, con él, a toda la tradición estructuralista de la antropología social de la que él es también —al igual que Harris— «el padre».

Es sabido que el estructuralismo de Lévi-Strauss se planta, a su vez, fuertemente contra el funcionalismo o la antropología material. No sería, sin embargo, desacertado afirmar que ha sido el estructuralismo el que se ha llevado, como corriente científica, más crédito histórico en su análisis de la cocina como fenómeno cultural: las críticas hacia el funcionalismo desde el estructuralismo no solo han sido duras, sino también muy sensatas, basadas sobre todo en el rechazo a aquel reduccionismo biologicista o naturalista que esbozábamos, negando así lo que es un gesto explícito de subordinación normativa de lo simbólico a lo práctico.[43] Aun así, hay una pregunta que ha

---

42 *Id., Mitológicas I, op. cit.* p. 70. Cursivas nuestras.
43 C. Fischler, *El (h)omnívoro, op. cit.*, p. 48.

inquietado a toda la tradición estructuralista hasta hoy, y es si acaso esta crítica no termina por invertir la jerarquía normativa y simplemente desplazar el privilegio jurídico dado a lo práctico hacia lo simbólico, y con ello no haría más que repetir la misma estructura de pensamiento que querría superar. Y es una pregunta muy válida, en la medida en que, volviendo al texto en cuestión (el de Lévi-Strauss), lo crudo y lo cocido, la cocina, no es sino un tema contingente dentro de las *Mitológicas,* pues así como fue la cocina —y como lo indica el principio de *arbitrariedad* de lo cultural-simbólico— podría haber sido cualquier otra práctica la ostentadora del estatuto de código de traducción de la cosmología indígena.[44]

El texto *Lo crudo y lo cocido,* si es que remite a alguna práctica o técnica de modo directo, lo hace con más energía a la música que a la cocina, pues todo en él está organizado según los rasgos y cadencias de la armonía musical. Esta se muestra, según Lévi-Strauss, como la estructura discursiva más adecuada al análisis de los mitos, ya que ellos parecen ser en sí mismos más musicales,[45] en todo caso, que culinarios. Lévi-Strauss no habla allí sobre lo que comen los indios, no habla de sus hábitos alimenticios ni sobre sus recetas o técnicas culinarias ancestrales: *habla de lo que ellos dicen sobre lo que comen,* de cómo lo clasifican, pero, sobre todo, de cómo lo insertan en toda una retórica explicativa —epistémica— del mundo. La cocina solo es tema porque ella es a su vez tema de los mitos, y el conjunto

---

44   En palabras de Fischler: «En apoyo de sus tesis, los defensores de la autonomía de lo cultural [es decir, los estructuralistas] suelen poner por delante el carácter más o menos "arbitrario" de ciertas prácticas alimentarias. La literatura, en efecto, presenta numerosos ejemplos en los cuales el hombre, deliberada o inconscientemente, parece imponerse coacciones alimentarias que le cuestan o corren el riesgo de costarle tanto biológica como económicamente. Estos hechos de "inadaptación nutricional" demostrarían la primacía de lo cultural, su autonomía en relación con los imperativos del cuerpo» (*El (h)omnívoro, op. cit.,* p. 50).

45   C. Lévi-Strauss, *Mitológicas I, op. cit.,* p. 24.

de los mitos de una población pertenece, siempre, al orden del discurso.[46] La cocina es, para el antropólogo, propiamente un principio epistemológico, no cultural ni práctico ni técnico; y —esta es nuestra tesis al respecto— solo por eso se vuelve tema central del discurso antropológico, repitiendo así, nuevamente, el ya señalado gesto platónico de exclusión culinaria, muy similar también al de inclusión que lleva a cabo Brillat-Savarin. Pero, *al ser lo que no es,* la cocina se vuelve una suerte de fisura o abismo metonímico, un vórtice de desvío, envío y reenvío de sentido, que impide fijar la significación de aquello a lo que se refiere, diseminando y multiplicando las interpretaciones y volviéndose así, inevitablemente, peligroso para el discurso científico en cuanto aliado —amigo o pariente— de un lenguaje de tipo poético y, sin duda, también retórico.

Esta perspectiva muta en algunos sentidos, al tiempo que también se refuerza en el tercer volumen de *Mitológicas,* texto que ostenta asimismo un título metafórico: *El origen de las maneras de mesa.*[47] Allí, el tema de la cocina sigue siendo el motivo de la sinfonía mitológica, involucrando incluso a la digestión en su función también mediadora conceptual, según la cual «ofrece un modelo orgánico anticipado de la cultura».[48] Pero, más importante aún, es en este volumen donde aparece la famosísima hipótesis del *triángulo culinario.* Esta se sustenta en otra tesis, que es sostenida en este libro por primera vez de modo explícito. Nos referimos a la idea de que la cocina es un *lenguaje al que cada sociedad traduce inconscientemente su estructura.*[49] Esta afirmación es sin duda una de las más interesantes que pueden hallarse en las *Mitológicas,* pues contiene varios puntos polémicos. Por un lado, darle a la cocina el estatus de

---

46 *Ibid.,* p. 17.
47 C. Lévi-Strauss, *Mitológicas III, El origen de las maneras de mesa,* México, FCE, 2003.
48 *Ibid.,* pp. 414-415.
49 *Ibid.,* p. 432.

lenguaje es, sin duda, un gesto que la eleva de su clausura en lo doméstico y en las técnicas rutinarias; hacerle ver a nuestras abuelas y madres que lo que ellas hacían cada día para sobrevivir ha dado lugar a todo un sistema de significación cultural es entregarles un reconocimiento de gran escala. Notemos además que en esta cita Lévi-Strauss habla de «cada sociedad», es decir, de *todas,* y no solo de las sociedades indígenas. Se trata, en efecto, de una obra publicada cuatro años después de *Lo crudo y lo cocido* y, con ello, podemos suponer ciertos cambios en su modo de abordar el problema. Ciertamente, de una consideración de la cocina como un tema contingente y específico se pasa a un terreno epistémico más cercano al que observábamos en Harris, a saber, el que intenta hacer de la alimentación una explicación universal de la cultura.

La novedad de la tesis lévi-straussiana es, en primer lugar, sostener que la cocina es un cierto código de naturaleza simbólica o sígnica, es decir, *primordialmente inmaterial* (siguiendo aquí al otro maestro estructuralista, Ferdinand de Saussure).[50] En segundo lugar, afirmar que dicho código tiene una función específicamente traductológica, pues gracias a ella se puede transformar todo un campo de significados no totalmente formalizados en un conjunto de signos, radicalmente heterogéneos porque son arbitrarios, que permiten su comprensión. Hasta qué punto y cómo sea posible dicha traducción es lo que se probará con la tesis del triángulo culinario, sobre la que volveremos más adelante. Pero antes es importante mostrar el contrapunto que esta afirmación produce, pues si bien opera una reducción de la cocina al lenguaje, al mismo tiempo se le da un privilegio sobre otras prácticas. Que sea la cocina y no otra estructura práctico-técnica la privilegiada, en principio, da cuenta del elevado lugar que Lévi-Strauss observaba en el

50 Cf. F. de Saussure, *Curso de Lingüística general, op. cit.*

mundo indígena respecto del sentido del gusto y de los demás sentidos.[51] Privilegio este último que, a su vez —y aquí viene un nuevo contrapunto—, es «captado», por no decir aún «instituido», por Lévi-Strauss, como teniendo una cierta función cognitiva que le es fundamental. Observar que mediante el gusto también se puede conocer fue realmente revelador para el antropólogo francés. No haría falta señalar quizás —o tal vez sí— algo en relación a lo que analizábamos en el capítulo anterior: una tendencia a estudiar los sentidos desde su función cognitiva —reduciendo su función estética a la percepción orientada al conocimiento o a la discursividad científico-explicativa—, dejando de lado, por medio de una nueva reducción, todas sus otras funciones: afectivas, emocionales, pasionales, incluso relacionales, éticas, artísticas, etc.

Analicemos, entonces, la tesis a la que nos lleva la asociación de cocina y lenguaje, el triángulo culinario (ver figura 1). Esta ha sido determinante para la disciplina y ha servido a miles de entusiastas antropólogos que han querido hacer de la cocina su tema de especialización, entre ellos la chilena Sonia Montecino, primera científica que escribió un tratado sobre las tradiciones culinarias nacionales que no termine siendo un mero compendio de recetas.[52] Lévi-Strauss introduce su idea del triángulo confesando que en *Lo crudo y lo cocido*:

> no tuvimos en cuenta, voluntariamente, estos matices. Partiendo de ejemplos sudamericanos para nosotros era cosa de definir el triángulo culinario bajo su aspecto más general y de mostrar cómo *en toda cultura podía servir de marco formal para expresar otras oposiciones, de naturaleza cosmológica o sociológica.*[53]

---

51 C. Lévi-Strauss, *Mitológicas I, op. cit.,* p. 166.
52 Cf. S. Montecinos, *La olla deleitosa. Cocinas mestizas de Chile, op. cit.*
53 C. Lévi-Strauss, *Mitológicas III* , *op. cit.*, p. 417. Cursivas nuestras.

Esta confesión nos muestra que, de hecho, hubo ciertos cambios de opinión entre la primera y la tercera de las *Mitológicas*. Estos señalan, en primera instancia, la extensión de la utilidad explicativa y traductológica que tiene la cocina, del mundo indígena a todas las culturas. Valdría ahora recordar que en el estructuralismo de Lévi-Strauss, el pensamiento, tanto indígena como no indígena, opera a partir de un principio de oposición que organiza el mundo mediante categorías duales. Así, los conceptos con los que nos explicamos la realidad, la naturaleza, etc., vengan de la formación discursiva de la que vengan —de la cocina, de la biología, del mundo animal, etc.— clasifican binariamente. El triángulo culinario, como matriz explicativa de cuestiones cosmológicas y sociológicas, que trascienden a la alimentación misma, permite que cada sociedad descubra sus propias oposiciones y contradicciones. Hacia esto debería llevarnos la cuestión de la traducción, en este caso, del lenguaje de la cocina. Siguiendo a Lévi-Strauss, este lenguaje debería darnos categorías conceptuales a las cuales le están asociados ciertos valores semánticos, que pueden encadenarse en una serie con otras categorías conceptuales con las que comparten los mismos valores o tienen valores semánticos similares. Antes de ilustrar esto con algunos ejemplos, leamos lo que nos dice el propio Lévi-Strauss sobre el triángulo:

> El alimento se ofrece al hombre, en efecto, en tres estados principales: puede estar crudo, cocido o podrido. En relación con la cocina, el estado crudo constituye el polo no marcado, en tanto que los otros dos lo están mucho, pero en direcciones opuestas: lo cocido como transformación cultural de lo crudo, y lo podrido como su transformación natural. Subyacente al triángulo principal se discierne así una doble oposición entre *elaborado/no elaborado* por una parte, y *cultura/naturaleza* por otra.[54]

Ibid., p. 416.

Figura 1. El triángulo culinario

El triángulo culinario opera así con tres categorías generales, que para Lévi-Strauss son categorías en principio materialmente vacías, que solo nos entregan determinaciones formales, y que cada sociedad llena con distintos contenidos concretos. Lo crudo es *formalmente* todo alimento que puede identificarse, de uno u otro modo, con lo «natural», es decir, con aquello *dado* que no es instituido culturalmente. Lo cocido y lo podrido señalan, también solo *formalmente,* a todos aquellos alimentos que los pueblos consideran resultado de prácticas estrictamente culturales. Entre ellos hay una oposición más, a saber: entre lo elaborado, que representa lo cocido, y lo no elaborado, representado por lo podrido. Todo esto a nivel formal. Materialmente, cada sociedad determina un alimento como crudo según sus propios códigos, que varían entre ellas. De esta manera, el mismo alimento puede estar crudo para algunas sociedades y cocido para otras, sin contradicción —aunque no, probablemente, sin disputas conceptuales.

Tomaré como ejemplo una preparación muy típica de las costas del pacífico sur de América, el ceviche. Plato de pescado sin cocer, es decir, sin transformación por calor, que se macera con jugo de limón y al que se le agregan diversos vegetales. ¿Está crudo o está cocido? Para las culturas que apreciamos y tenemos al ceviche como plato «típico», probablemente sería más correcto decir que está cocido, pues se trata de una preparación simple, pero de altísima sofisticación cultural, a pesar de que no hay fuego ni, por tanto, transformación física producida por la temperatura. Sin embargo, para un británico, por ejemplo, probablemente el ceviche es un plato crudo, pues en cuanto no se trata de una cultura que tenga por hábito comer pescado sin transformarlo mediante el calor, ahí no hay ninguna transformación cultural; que alguien le haya puesto limón encima no le añade nada más que un condimento, y sigue entonces en estado crudo. Lo importante para dirimir esta doble clasificación es la transformación que sufre el alimento: si esta transformación es cultural o artificial, entonces se puede hablar de un alimento cocido, aunque no haya fuego de por medio.

En efecto, Lévi-Strauss señala múltiples formas posibles de lo cocido, lo crudo y lo podrido —entre las que enumera lo hervido, lo asado y lo ahumado— que muchas veces se intercambian entre sí al pasar de una cultura a otra. Lo asado, por ejemplo, es casi unánimemente reconocido en Europa como parte de la categoría formal de lo crudo, pues el modo de cocción directo sobre el fuego lo distribuye de manera irregular, impidiendo la sofisticación técnica y dificultando el saber preciso sobre su transformación. Lo cocido está más bien emparentado con lo hervido y lo ahumado, porque la mediación del agua, en el primer caso, y del humo en el segundo, permite mayor control sobre la cocción, mayor manejo técnico y precisión. Menor control, más «natural», más del lado de lo crudo; mayor control, más «artificial» o cultural, más del lado de lo cocido. Análogamente sucede con lo podrido, cuya transformación se signa con la marca de lo no elaborado. Lo podrido señala formalmente al alimento que naturalmente se transforma y se descompone. Por supuesto, hay muchas culturas que «cuecen» alimentos que a otras les parecen podridos.

Lévi-Strauss da el ejemplo de los quesos normandos, relatando la siguiente anécdota histórica: «Incidentes consecutivos al desembarco de los aliados en 1944 revelan que los militares estadounidenses concebían la categoría de lo podrido de manera más inclusiva que la francesa, puesto que el olor —a cadáver, según ellos— que exhalaban las queserías normandas los incitó más de una vez a destruirlas».[55]

Al explicar mediante estos ejemplos el funcionamiento del triángulo, siempre complejo como toda la retórica de los mitos, Lévi-Strauss no deja pasar, con motivo de la explicación de la relación entre lo hervido y lo podrido, un detalle sobre su peculiar naturaleza discursiva: «el carácter de ser natural que la lengua confiere a menudo al alimento hervido es del orden de la *metáfora:* lo hervido no es algo podrido, *simplemente se le parece*».[56] Por si el lector fuese a olvidarse de que, en realidad, el discurso de los mitos, aun cuando sea abordado por una ciencia positiva como es la antropología —lejana en especulación a la filosofía o a la literatura, por cierto—, es en verdad *retórico,* es decir, *figurativo,* que conserva ciertas características propias de la retórica clásica: es un lenguaje trópico, estructurado a partir de modificaciones del lenguaje explicativo o constatativo común, pues se compone de toda una serie indefinida de analogías, metáforas, metonimias, hipérboles, hipérbaton, catacresis, sinécdoques, etc. Es un discurso ciertamente no literal o, si se quiere, no funcional, donde lo primordial de su estructura son los desplazamientos del sentido de un lado a otro de los contextos de significación. De ahí su similitud con la música. Y de ahí también su manifiesto alejamiento del paradigma epistemológico clásico y los problemas metodológicos que se desprenden de su estudio:

---

55 C. Lévi-Strauss, *Mitológicas III, op. cit.*, p. 416.
56 *Ibid.*, p. 427. Cursivas nuestras.

El estudio de los mitos plantea un problema metodológico en virtud del hecho de que no puede conformarse al principio cartesiano de dividir la dificultad en tantas partes como haga falta para resolverla. No existe término verdadero del análisis mítico, ni unidad secreta por asir al final del trabajo de descomposición. Los temas se desdoblan hasta el infinito. Cuando se cree haberlos desenmarañado y tenerlos separados, simplemente se aprecia que vuelven a ligarse respondiendo a las solicitaciones de afinidades imprevistas. Por consiguiente la unidad del mito no es sino de tendencia y proyectiva, jamás refleja un estado o un momento del mito. Fenómeno imaginario implicado por el esfuerzo de interpretación, su papel es conceder una forma sintética al mito e impedir que se disuelva en la confusión de los contrarios.[57]

Estas dificultades metodológicas, que son también las oportunidades del análisis de los mitos, es lo que permite que el triángulo culinario pueda dar lugar a series de valores semánticos intercambiables, condicionando así amplias posibilidades hermenéuticas de asociación. Cada forma de lo crudo, lo cocido o lo podrido puede así serializarse, asociarse en una serie semántica con otros valores también ordenados en forma oposicional binaria por una determinada cultura. Esta oportunidad diseminadora de sentido ha tenido diversas instanciaciones, como aquellas a las que referíamos en el capítulo anterior, a saber, la asociación con géneros —lo crudo del asado con lo masculino, lo hervido con lo femenino, entre otras opciones—, etnias, clases sociales, hasta las mismas asociaciones nacionales que veíamos en Nietzsche o en Rousseau. En un caso más concreto, podemos volver a los textos de Sonia Montecino y a su paradigmático trabajo con la cocina chilena, en el que asocia, por ejemplo, la cocina con piedras calientes —típicas de la cultura ancestral de todo nues-

57   C. Lévi-Strauss, *Mitológicas I, op, cit.*, p. 15.

tro territorio— a ciertos mitos mapuche y rapa-nui, en los que las piedras representan el origen del universo.[58] Pero su trabajo más polémico es quizás el que realiza con la cazuela chilena, preparación típica del ámbito de lo cocido-hervido. Citamos un epígrafe seleccionado por la autora, del poeta chileno Pablo de Rokha, seguido de su propio comentario:

> *Yo sostengo que la cazuela de ave requiere aquellas piezas soberbias y asoleadas de los pueblos costinos, el mantel ancho y blanco y la gran botella definitiva y redonda, que se remonta a los tiempos copiosos de la abundancia familiar y cuyo volumen, como por otoños melancólicos ciñéndose, recuerda los cuarenta embarazos de la señora* (Pablo de Rokha, *Epopeya de las comidas y bebidas de Chile).*

Las y los escritores chilenos (como Marta Brunet, Pablo Neruda, Gabriela Mistral, Henriette Morvan y el propio Pablo de Rokha) comprendieron desde hace mucho tiempo que la cocina, los alimentos y su consumo, están imbricados en la cultura y se asoman como parte sustantiva de ella, ya sea como lenguaje, como metáfora o como práctica que propone identidades. Si retomamos la cita, podemos vislumbrar estos elementos: en primer lugar, la figura de la cazuela de ave que nos envía a una identidad común —se trata de un plato reconocido ampliamente como «chileno», que adquiere un estilo particular con las aves criadas en las costas asoleadas (las variantes locales del «universal cazuela»)— y el mantel «ancho y blanco», que evoca su consumo y el comensalismo, desplegando las funciones sociales del alimento.[59]

---

58 S. Montecino, «Piedras, mitos y comidas, antiguos sonidos de la cocina chilena: la calapurca y el curanto», ATENEA 487, 2003, pp. 33-49.
59 *Id., Cocinas, alimentos y símbolos. Estado del arte del patrimonio culinario en Chile,* Santiago de Chile, Consejo Nacional de la Cultura y de las Artes, 2017, p.13.

Como vemos, el movimiento estructuralista de Montecino se apoya primordialmente en una estructura categorial que llama el «universal cazuela», categoría propiamente metafórica, que contiene a su vez diversas series explicativas intercambiables entre sí, como aquí el «ave», una de las variantes locales de los componentes del universal —que en otros lugares puede llevar vacuno, cordero, llamo, etc.—. Pero, ante todo, cabe preguntar, ¿qué significa realmente que la *cazuela sea universal*? ¿Acaso que existe algo así como una estructura —simbólica— universal de la identidad chilena, y que ella es intercambiable, porque es traducible, por el plato típico de la cazuela? Aquí nos encontramos con un nuevo lugar de contrapunto, que nos permite además pasar al siguiente y último apartado de este capítulo. El contrapunto se da entre, por un lado, un discurso explicativo de nuestra identidad fundado en la tesis de una estructura universal que comporta ciertos rasgos semánticos específicos, y por otro, que cualquier tipo de plato que «repita» de manera análoga dicha estructura, puede ser clasificado sin problemas como «cazuela», perdiendo —o reduciendo— así sus especificidades locales y únicas. Es manifiesto que, pese a la hegemonía de este estructuralismo en los estudios antropológicos chilenos, podríamos pensar algo distinto: que en Chile hay *múltiples* cazuelas, que quizás no podemos siquiera llamarlas con propiedad «cazuelas» sin que dicha multiplicidad corra peligro de volverse unidad. Quizás podríamos, contra el paradigma instalado por Montecino, llamar a todos estos platos de maneras diferentes, tal como se nombran en los distintos territorios de Chile. Dicha multiplicidad de nombres estaría en estricta relación con las distintas materialidades que ellas ostentan —pues aquí la cazuela tiene ave y maíz, mientras que allá tiene cordero y chuchoca, llamo y quinua, etc.

El gran problema de moverse únicamente en el terreno desmaterializado de las categorías conceptuales es que trae consecuencias que son, en última instancia, de gran relevancia po-

lítica, tanto en términos alimentarios como identitarios. Sonia
Montecino no es una antropóloga entre otras en Chile, pues entre los años 2001 y 2002 fue integrante del Subcomité de Identidad e Historia del Gobierno de Chile y miembro de la Comi-
sión Patrimonial Oral Intangible del Ministerio de Educación.
Desde ambas instancias, aportó activamente a sentar las bases
de lo que hasta hoy es la política de patrimonio alimentario. No
casualmente dicha política no reconoce ni protege el *patrimonio
material* alimentario, es decir, no reconoce como bienes patri-
moniales ni a las semillas nativas ni a los productos endémicos
o con tradición culinaria. Todo lo que se reconoce y protege,
desde entonces, es del ámbito del patrimonio *inmaterial:* solo
tiene valor resguardable y protegible en términos alimentarios
lo que guarda relación con el «saber», es decir, con estructuras,
representaciones y relatos. Consecuentemente, nuestra materia
prima vale menos como riqueza cultural que la técnica de transformación que le está asociada. Este es un problema grande: en
Chile no hay protección patrimonial de semillas. ¿Acaso, por la
ley de las sustituciones propia del estructuralismo, es lo mismo
comer cazuela con maíz chileno, con papa endémica de este territorio, que con maíz modificado genéticamente o con papas
de semillas escogidas en base a su productividad industrial? Esta
es otra de las preguntas que el problema de la identidad cultural
alimentaria obliga a responder, sobre todo en un contexto global
que prefiere dar protección a obtentores vegetales —grandes empresas de producción industrial de semillas— más que a pobla-
ciones guardianas tradicionales de semillas nativas, por ejemplo.

Antropofagias

Volvamos un momento a Claude Fischler y a la cita que expu-
simos al comienzo de este capítulo. En su intento de respon-

der algunas de las interrogantes planteadas por el principio de incorporación, echa mano a las investigaciones de otro de los «padres fundadores» de la antropología cultural, James George Frazer. Fischler señala que estos primeros antropólogos de fines del siglo XIX no estuvieron en principio interesados en la alimentación, salvo cuando esta se veía involucrada en temas religiosos, propios del totemismo indígena —«el sacrificio los intriga y los motiva más que la cocina», señala—.[60] De ahí que la primera forma en que dichos científicos abordaron el —entonces aún no formalizado— principio de incorporación fue a través de sus estudios sobre canibalismo y antropofagia. Pues, en efecto, el canibalismo no se daba por fuera de las prácticas rituales y sacrificiales en el mundo amerindio. Al mismo tiempo, el canibalismo no solo es una forma concreta del principio de incorporación, sino que es, probablemente, la más significativa para la antropología de todos los tiempos. Esta práctica es abordada más extensivamente en sus efectos simbólicos, y solo algunas perspectivas funcionalistas se han hecho cargo de ella en términos nutricionales o de control demográfico.[61] Pero, dado que muchas de las prácticas caníbales no tienen que ver directamente con la supervivencia, es decir, con comer para sobrevivir, sino con necesidades identitarias o de construcción de identidad, es que el principio de incorporación puede tener en estos casos nuevas significaciones. Es así como sucede con el endocanibalismo y el exocanibalismo que señala Fischler, en cuanto prácticas que refieren a formas de comerse al otro que pueden generar efectos sobre la propia identidad: por ejemplo, Frazer observaba que comerse al enemigo no es solo un modo de dominarlo, sino también una forma de obtener aquellas ca-

---

60   C. Fischler, *El (h)omnívoro, op. cit.*, p. 17. El texto original de Frazer es de 1890, y en español se encuentra editado por FCE, México, 1944.

61   M. Harris, *Caníbales y reyes. Los orígenes de la cultura*, Madrid, Alianza, 1987, pp. 136-150.

racterísticas que lo hacen respetable, fuerte, valeroso —pues, como todo enemigo, es odiado en la medida en que es admirado—. Comerse al otro implicaría, por lo menos en el exocanibalismo, adquirir esas propiedades que no se tienen y que se quieren reforzar. El endocanibalismo es otra forma de relacionarse con el otro comiéndolo, pero esta vez para hacer que su cuerpo sobreviva a la muerte que lo ha afectado.

Detengámonos un momento. Quizás podría parecer del todo problemático entender la articulación entre identidad y comida desde el canibalismo. ¿Es que acaso estamos dando valor a antiguas prácticas caníbales en lugar de condenarlas? ¿Es que acaso estamos pasando por alto el progreso civilizatorio gracias al cual los humanos dejaron de matarse y de comerse —de modo cruel y primitivo— los unos a los otros, en pos de una suerte de nostalgia por el modo de vida del «buen salvaje»? Sin duda, el canibalismo se ha visto como práctica que supone la muerte sacrificial del otro, es decir, su cosificación sagrada, en vistas de su total dominación a través de la ingesta de su cuerpo. Estos fueron no solo los primeros acercamientos al canibalismo sino también sus primeros prejuicios. En efecto, la antropología actual ha vuelto a estudiar la antropofagia primitiva con el objetivo de extirpar dichos prejuicios, al tiempo que le otorga una nueva valoración que puede sernos hoy de altísima utilidad. Pues el canibalismo, más que un hecho social comprobable en la actualidad, es una estructura simbólica y de comportamiento, que no obedece al capricho de los instintos, sino a una forma de racionalidad que ciertas sociedades utilizaron para organizar la guerra, relacionarse con su entorno y resolver problemas vitales ligados a sus creencias religiosas.[62] De estas investigaciones actuales ha emergido todo un contingente

---

62   A. Chaparro Amaya, *Pensar Caníbal. Una perspectiva amerindia de la guerra, lo sagrado y la colonialidad*, Buenos Aires, Katz, 2013, p. 44.

de antropólogos comprometidos con la antropofagia en cuanto episteme que la hacen más abarcadora y explicativa que si se considera como mera práctica: el *Manifiesto Antropófago*, acuñado por el escritor y periodista brasileño Oswald de Andrade y publicado en la *Revista de Antropofagia* —fundada por él— en 1928, es el primer y más enfático índice de este fenómeno. Si bien Andrade no fue antropólogo y la *Revista de Antropofagia* estaba dedicada a la literatura vanguardista experimental, su manifiesto no pasó desapercibido en los círculos científicos, y es un claro antecedente para las más actuales consideraciones antropológicas sobre el canibalismo.

Por esta razón, nos interesa especialmente obtener rendimientos simbólicos y arquetípicos de una relación con un otro que puede describirse, en su lógica y despliegue, *análogamente* a partir del proceso de incorporación de alimento. En efecto, esta racionalidad caníbal a la que hacíamos alusión, y en la que profundizaremos en un momento, está ligada a una lógica de la relación cultivada en los pueblos amerindios —sobre todo amazónicos— que podemos llamar *predación,* y cuyo núcleo epistémico consiste en que toda alteridad, la alteridad general, se percibe como si fuese «alimento».[63] Hemos puesto la palabra entre comillas, justamente porque dicha percepción del otro como alimento no se da en términos literales materiales, sino analógicamente. Esta constatación debería ya hacernos caer en la cuenta de que dicha racionalidad predatoria, que nos parece en principio muy ajena, es en realidad mucho más íntima a nuestras propias maneras de comprender nuestra relación con los otros. Pues, claro está, desde el estilo más popular del lenguaje hasta las configuraciones más complejas, el uso de metáforas caníbales no es de ninguna manera algo «escandaloso» en nuestra cultura «civilizada» y occidentalizada: *te quiero tanto*

63   *Ibid.*, p. 31.

que te comería puede decirle tiernamente tanto una madre a su hijo como un intenso amante a su amado. El deseo del otro, de relacionarme amorosamente con él, fácilmente adquiere este revés simbólico caníbal, toda vez que la necesidad de cercanía se confunde con la intimidad de la ingesta. Amar a otro, amarlo profundamente, nos hace desear una imbricación profunda con él, en el nivel de nuestro mismo ser, tal como aquella que logramos con el alimento una vez que lo comemos.

Podemos ver aparecer estos intercambios analógicos sobre todo en el psicoanálisis, y específicamente en la noción de duelo, aunque también en algunos estudios sobre el desarrollo psicológico en la infancia. Este último es el caso de la inglesa Melanie Klein, quien han considerado que la relación del niño lactante con su madre es una suerte de análogo de la relación caníbal.[64] Pero nos interesa, por ser más extensiva, la teoría del duelo y la melancolía, originalmente acuñada por Sigmund Freud[65] para referir a ese trabajo que se lleva a cabo cuando alguien muere, en vistas a superar su pérdida. Fue muy bien recibida en la escuela húngara por Sándor Ferenczi y sus herederos radicados en Francia, Mária Török y Nicolas Abraham. Estos autores, sin embargo, desarrollan la noción de duelo freudiano y la amplían, entendiéndola así como trabajo que se realiza para enfrentar, en general, la pérdida de un objeto —y no ya solo de un otro fallecido—, trabajo que se entiende eminentemente en términos incorporativos —o simbólicamente caníbales—. Basándose en la propuestas de su maestro, Mária Török desarrolló a partir de los escritos de Ferenczi una interpretación por entero nueva de la teoría del duelo, en lo que sería un paso de gran rendimiento metodológico y crítico. Török sostuvo, en

---

64   Cf. M. Klein, *El psicoanálisis de niños*, en *Obras Completas II*, México, Paidós, 2008, especialmente p. 208 y ss.
65   S. Freud, *Duelo y melancolía*, en *Obras Completas XIV*, Buenos Aires, Amorrortu, 1993.

primer lugar, que la teoría de la introyección de Ferenczi se diferenciaba enfáticamente de las interpretaciones más canónicas hechas de la tesis de la melancolía freudiana. Pues, tal como Ferenczi la concebía, la introyección no es solo un trabajo de duelo en el sentido tradicional del término, es decir, como proceso que se inicia al fallecer un ser querido. Por el contrario, la introyección es para Ferenczi un proceso continuo propio de la vida psíquica, que consiste en «extender al mundo exterior los intereses primitivamente autoeróticos, mediante la inclusión de los objetos del mundo exterior en el Yo».[66] De esta manera, todo amor que se tiene por un objeto distinto de mí mismo o, en lenguaje técnico, toda transferencia, supone una expansión o ensanchamiento del Yo a partir de esta suerte de «inclusión» del objeto en el interior, o introyección. Dicho en palabras del mismo Ferenczi, la introyección incluye tres momentos: 1) extensión de los intereses autoeróticos; 2) ensanchamiento del Yo por el levantamiento de las represiones; 3) inclusión del objeto en el Yo y, de ese modo, objetización del autoerotismo primitivo.[67] En su trabajo de 1968, *La enfermedad del duelo y la fantasía del cadáver exquisito,* Török aclara que lo que en Freud y en sus herederos más conocidos —como Klein— se entiende por duelo y melancolía no corresponde a la noción ferencziana de introyección, sino que está más cerca de lo que él mismo llamó «incorporación».[68] Esta sería una forma de introyección frustrada, que interrumpe el proceso de expansión del yo, el cual es una forma de incorporación de lo perdido que no se repliega jamás, sino que —como comenta Jacques Derrida al respecto— «gana, se propaga, asimila, progresa».[69]

---

66 N. Abraham y M. Török, *L'écorce et le noyau,* París, Flammarion, 1999, p. 235.
67 *Ibid.,* p. 236.
68 *Ibid.,* pp. 229-251.
69 J. Derrida, *Fors,* París, Flammarion, 1976, p. 16.

En síntesis, se trata de una teoría que postula la posibilidad de un trabajo de duelo exitoso en contraposición a uno frustrado, el primero llamado «introyección», mientras que solo para el segundo se acuñó el término «incorporación». La incorporación nombra así introyecciones interrumpidas que, más que «ensanchar el yo», lo quiebran, lo alteran, generan un pliegue interno en su esfera, una suerte de cripta a la que ya no se puede acceder y que da lugar a todos los fantasmas de la melancolía. La incorporación es así un mecanismo fantasmático, que supone la efectiva pérdida de un objeto, que

> en compensación al placer perdido y a la introyección que falta, realizará la instalación del objeto prohibido al interior del yo [...]. Ella tiene por objetivo, a fin de cuentas, recobrar mediante un modo mágico y oculto un objeto que, por alguna razón, ha sido despojado de su misión: mediatizar la introyección del deseo. Acto eminentemente ilegítimo, porque rechaza el veredicto del objeto y de la realidad, la incorporación, así como el deseo de introyectar que ella disimula, debe sustraerse a toda mirada extranjera, incluida la del propio Yo.[70]

Secreta, estrictamente oculta tanto para los demás como para uno mismo, la incorporación es una dinámica meramente sustituta de la introyección, una introyección vicaria. Pues en lugar de introyectar el objeto perdido, se guía por un señuelo literal: *la comida*. Comer aparece así como el equivalente de una introyección inmediata, más puramente alucinatoria e ilusoria: «El maníaco anuncia escandalosamente a su Inconsciente que "come" (acto que figura para el Yo el proceso de introyección), pero no es más que una palabra vacía, una introyección nula»,[71] dice Török.

---

70   N. Abraham y M. Török, *L'écorce et le noyau, op. cit.*, p. 237.
71   *Ibid.*, p. 238.

Habría que calibrar todavía cómo esta introyección frustrada que se figura alimentariamente no podría aplicarse también en un sentido positivo, siguiendo más de cerca las propuestas predatorias: introyectar es un proceso que sigue, punto por punto, analógicamente al proceso de alimentación en tanto incorporación de lo otro. Que la comida se asocie con la manía y desaparezca explícitamente del proceso considerado «sano», regulándolo, sin embargo, implícitamente, nos devuelve a nuestras reflexiones: se trata de un gesto que vuelve a hacer de la alimentación uno de esos temas no aptos para la ciencia como *episteme,* sobre todo si se trata de una ciencia arquitectónica, como la filosofía, o, en relación al aparato psíquico, como el psicoanálisis.

Volvamos ahora a la antropología. Una idea cercana se encuentra en los trabajos del antropólogo brasileño Eduardo Viveiros de Castro, y su proyecto epistémico llamado por él «perspectivismo amerindio». En efecto, se trata de una propuesta de altísimas pretensiones: postular un nuevo paradigma para la antropología, paradigma que, además, tiene un marcado énfasis crítico, pues la «nueva misión» de la antropología, dice, es la de ser «la teoría-práctica de la descolonización permanente del pensamiento».[72] Tal como señala su nombre, el perspectivismo amerindio ampliaría el modo mismo en que la antropología comprende y se acerca a ese otro que es su sujeto de estudio, integrando así su perspectiva no solo al estudio, sino al método mismo con que se realiza. Mediante una suerte, esta vez, de sinécdoque trascendental, lo que históricamente se ha considerado en la disciplina como «objeto de estudio» —una *parte* del *todo* llamado «antropología»—, se vuelve la estructura general del análisis antropológico. Así, las prácticas de conocimiento indígenas son tomadas como el paradigma teórico general de la antropología, haciendo de todos los paradigmas epistémi-

72   E. Viveiros de Castro, *Metafísicas caníbales, op. cit.,* p. 14.

cos sostenidos hasta ahora —entre ellos, el estructuralismo y el funcionalismo— nada más que versiones de dichas prácticas de conocimiento. La intención de esta teoría *antinarcisa* —dice Viveiros de Castro— es «mostrar que los estilos de pensamiento propios de los colectivos que estudiamos son la fuerza motriz de la disciplina».[73] Se trata de una antropología decolonial en la medida en que el modelo del hombre blanco europeo y su propia racionalidad queda desplazado de su lugar explicativo hegemónico para incorporar ahora el modelo del amerindio. Sin embargo, esta inversión tiene un grado mayor de complejidad: pues el amerindio no tiene una concepción de sí mismo como el «centro del universo», el Sí Mismo universal respecto del cual se puede señalar a cualquier otro como Otro universal. El amerindio considera que todo otro es a su vez un mismo, y que él mismo es siempre también un otro para el otro. De esta manera, el «modelo» del amerindio abre la posibilidad al intercambio sin fin de modelos, que además trascienden la frontera de lo humano, pues para el amerindio el otro que puede ser, a su vez, un mismo es también el jaguar, el árbol, la piedra. De esta manera, todos los «otros» son sujetos de potenciales perspectivas propias, y no alteridades que se entienden únicamente por su relación con una mismidad fija, solamente la cual tiene el privilegio de la perspectiva.

¿Qué tiene que ver esta tesis con el canibalismo? Debemos hacer un breve rodeo para explicitarlo. Tenemos que ir hacia una tesis de Viveiros de Castro que encontramos en el texto *O mármore e a murta: sobre a inconstância da alma selvagem*. Allí, Viveiros de Castro acuña la tesis de la «inconstancia del alma salvaje» con la que quisiera mostrar el modo en que los colonos europeos describieron el carácter de los indios americanos, especialmente refiriendo a la tribu de los Tupinambá en lo que es Brasil en la

---

73   *Ibid.*, p. 17.

actualidad.[74] Observando los comportamientos generales de los indios americanos, los europeos encontraron que todo intento que realizaban para que el nativo «incorporara» sus propias costumbres —cristianas, ilustradas, etc.— no llegaba realmente a generar en ellos la transformación que, por asimilación de lo nuevo y distinto, esperaban que ocurriese en sus consciencias. Más bien, el comportamiento de los indios enfatizaba el efecto opuesto: lo que sucede cuando ese otro no se deja asimilar por completo, cuando el intento asimilativo de la incorporación se frustra y quiebra la producción de identidad. Inconstancia que los europeos calificaron sin duda de violenta, y ante la cual respondieron con todo el peso y la fuerza de la «constancia». Viveiros de Castro cita al padre José de Anchieta, misionero jesuita y santo español del siglo XVI, quien narra justamente el trasfondo histórico de esta tesis:

> Me interesa tan solo elucidar qué era eso que los jesuitas y demás observadores llamaban la «inconstancia» de los Tupinambá. Se trata sin duda de una cosa bien real, [...] si no un modo de ser, era un modo de aparecer de la sociedad Tupinambá ante los ojos de los misioneros. Es preciso situarlo en el cuadro más amplio de la *bulimia ideológica* de los indios, de aquel intenso interés con que escuchaban y asimilaban el mensaje cristiano sobre Dios, el alma y el mundo. Pues, es necesario repetirlo, lo que exasperaba a los padres no era ninguna resistencia activa que los «brasis» ofreciesen al Evangelio en nombre de otras creencias, sino el hecho de que su relación con la creencia era intrigante: dispuestos a todo engullir, cuando se los tenía por ganados, ellos recalcitraban volviendo al *«vómito de las antiguas costumbres»*.[75]

74 Cf. E. Viveiros de Castro, «O mármore e a murta: sobre a inconstância da alma selvagem», en *A inconstância da alma selvagem e outros ensaios de antropologia*, San Pablo, Cosac y Naify, 2002.

75 *Ibid.*, p. 190. Cursivas nuestras.

La tesis de la inconstancia es, sin duda, una suerte de violencia de contragolpe contra una violencia percibida como primera, «originaria», «salvaje», que constituye la inconstancia a partir de una lógica —siguiendo a Viveiros de Castro— de *apertura* propia de los nativos, que «es la expresión de un modo de ser en el que *es el intercambio y no la identidad el valor fundamental a ser afirmado*».[76] No *asimilar* completamente la perspectiva del otro, sino incorporarla por un momento para luego incorporar otra, es lo propio del perspectivismo. Los europeos, como Anchieta, lo entendieron por analogía con la alimentación, cuyo paradigma occidental primordial es, justamente, el de la asimilación sin resto. Al ver que los indios no asimilaban sus enseñanzas, y volvían mediante una suerte de vómito metafórico a las antiguas costumbres, los tildaron de inconstantes y encontraron un nuevo motivo para fijarlos y mantenerlos en situación de alteridad —sin la posibilidad de invertir la situación y llegar al momento de reconocimiento hegeliano—. Es decir, ya desde la visión europea del siglo XVI, el perspectivismo amerindio se entendía en términos de incorporación —no asimilativa— del otro. Esta no asimilación propia del perspectivismo nos dice que el conocimiento, bajo este paradigma, es realmente un proceso de personificación: «personificar» al otro es tomar su punto de vista por sobre su reducción a mi propio sistema de referencias.[77] De ahí que la categoría más importante en el perspectivismo no sea la de «humano» —que indica solo posición de congéneres—, sino la de «persona»; todos los seres con perspectiva —es decir *todos* los seres— pueden, entonces, ser personas.

Este es el núcleo de lo que los antropólogos perspectivistas han llamado «chamanismo», que consiste en tomar la perspectiva de cualquier otra persona —humana, animal, vegetal o

76 *Ibid.*, p. 206.
77 E. Viveiros de Castro, *Metafísicas caníbales, op. cit.*, p. 43.

mineral—. Esto lo observó también Viveiros de Castro en el canibalismo tupí, el cual había sido canónicamente interpretado —por los antiguos como Frazer— como rito sacrificial ofrecido a las divinidades. Según Viveiros de Castro, el ritual tupí antes de ser un sacrificio era una compleja ceremonia basada en el intercambio coordinado de puntos de vista. Definió así al canibalismo tupí como un «sistema actancial»:

> Entonces lo definí como un proceso de trasmutación de perspectivas, en el que el «yo» está determinado en cuanto «otro» por el acto de incorporación de ese otro, que a su vez se convierte en un «yo», pero siempre *en el otro*, literalmente «*a través del otro*». [...] Lo que se comía era la relación del enemigo con sus devoradores, o dicho de otro modo, su *condición de enemigo*. Lo que se asimilaba de la víctima eran los signos de su condición de alteridad, y lo que se buscaba era esa alteridad como punto de vista sobre el sí.[78]

Viveiros de Castro es enfático cuando señala —desprestigiando así el paradigma funcionalista— que la ingesta de carne humana como tal era marginal en el rito, pues de hecho la cantidad que se comía era insignificante en relación al acto simbólico de cambio de perspectivas. La polémica consecuencia de estas propuestas es que la antropología debe convertirse al perspectivismo y, con ello, volverse ella misma antropofágica.[79] Como decíamos, esto está en la vena de la literatura de Oswald de Andrade, quien manifiesta «Solo me interesa lo que no es mío. Ley del hombre. Ley del antropófago».[80] Los indios que describe Anchieta no podían asimilar las costumbres europeas

78   *Ibid.*, p.143.
79   *Ibid.*, p.144.
80   O. de Andrade, *Manifiesto Antropófago*, en *Obra escogida*, Caracas, Biblioteca Ayacucho, 1981, p. 67.

justamente por mor de esta ley: porque eran una sociedad sin «interior», que llega a ser ella misma solo *fuera de sí*;[81] es decir, que constituye su propia identidad solo por la relación de incorporación —sin asimilación— de recursos simbólicos que le son exteriores. Una identidad como alteridad, una inmanencia como trascendencia. ¿Es que ya es tiempo de pensar la identidad más allá de su centramiento y de los valores de semejanza y asimilación?

Esta es una tarea que siempre hay que proponerse, sobre todo si nos interesa comprometernos con una filosofía —y una política— del comer: pensar una forma de rescatar y reconfigurar la noción de identidad, tanto individual como cultural. Pues, aunque problemática, la cuestión de la identidad no puede sin más ser abandonada, ya que tiene hoy más que nunca una importante función: la de resistir la latente y arrasadora homogenización de las costumbres que produce la globalización capitalista. No sería tema hablar de lo identitario si el principio de incorporación fuese tomado en su sentido estricto y literal, pues *si soy lo que como,* soy todos los días alguien distinto. Si realmente es necesario mantener la noción de identidad, porque es necesario políticamente, tenemos la tarea de pensar una forma de identidad que no caiga en lo estático y lo autoidéntico, es decir, que no favorezca los valores de lo mismo, lo exclusivo y lo propio. Así entendida, la noción de identidad genera a su vez una noción de comunidad muy estrecha, que fácilmente separa y excluye a otros y a otras comunidades. ¿Cómo construir, entonces, una cocina chilena —española, mexicana, china, italiana, peruana, vietnamita, etc.—, genuinamente identitaria, que resista la aplanadora de la uniformidad capitalista y que, a su vez, no se clausure identitariamente, es decir, nacionalmente, étnicamente, en el nivel

---

81 E. Viveiros de Castro, *Metafísicas caníbales, op. cit.*, p.146.

de clase o de géneros? ¿Cómo pensar también un patrimonio alimentario que trascienda la inmaterialidad de las categorías y dé por fin valor cultural a un tomate y su semilla? Hay que seguir pensando, urgentemente, todas estas cuestiones.

Y todo comenzó en la mesa

Si es cierto que soy lo que como, es decir, que soy lo que incorporo, y que lo soy en el sentido más estricto posible, es decir, *metafóricamente,* que soy tanto lo que incorporo a nivel físico como a nivel psíquico-espiritual —o, como diría Nietzsche, *soy lo que inspiritualizo*—; si todo esto es cierto, decíamos, resulta que entre las cosas que inspiritualizo cotidianamente para poder darles sentido, también está el otro, el prójimo. Hemos visto en el capítulo anterior cómo la relación con el otro puede ser una relación de inspirituación análoga al comer más material y que, por virtud de esta misma analogía, es también propiamente un incorporar. El duelo en el psicoanálisis y el canibalismo perspectivista de los amerindios son dos formas muy explícitas de *comerse al otro* que, mediante este movimiento, construyen su sentido de alteridad. Sentido que, de hecho y no solo de derecho, me permite entrar en relación con él, en una relación llena de significaciones y valores, en una relación tanto fáctica como normativa; es decir, en una relación tanto ontoepistémica como ético-política. Nuestra intención en este último capítulo es explorar justamente este paso: el vínculo, el lazo que une el comer con el *ser comunidad,* que asocia con cierta intención arquitectónica las nociones de comunidad y comensalidad. Mediante esta asociación queremos sostener una tesis cuyo sustento histórico comprobado puede servir para explorar un posible sustento filosófico: que la protoforma o las estructuras y dinámicas fundamentales de lo que nosotros llamamos *comunidad* son las mismas y probablemente provienen de aquellas estructuras y dinámicas de lo que llamamos *comensalidad*, es decir, de la *práctica* —estable y permanente— de *comer juntos*.

Entonces, a partir de algunos datos filosóficos que están nuevamente en diálogo inevitable con otros campos del saber —la historia, el psicoanálisis, la teología y la política— exploraremos la idea de que la *comunidad está estructuralmente unida, en su lógica y en su dinámica, a la comensalidad*. Se trata, como algunos podrán apreciar, de una tesis bastante fuerte y arriesgada, que supone numerosas conexiones argumentativas, muchas de las cuales dependen directamente de todo lo que ya hemos analizado en momentos anteriores. Como bosquejábamos, las propuestas de un canibalismo simbólico, en el que se ingiere la perspectiva del otro, su misma alteridad, es fundamental para estas cuestiones. También lo es la noción de duelo como movimiento general de introyección de lo «exterior» para ampliar el campo de la «interioridad» y salir así del narcisismo primario del autoerotismo. Pero, como la comunidad puede tener muchas formas, desde la horda, la casa, la familia hasta el mismo Estado nación, es necesario también ligar estas cuestiones con el problema político de la organización y la administración comunitarias, e incluso con un cierto nacionalismo —ese nacionalismo culinario o análisis gastro-nacional que prefigurábamos ya con Nietzsche y en parte con Rousseau.

Comenzar por el principio sería, entonces, preguntarnos qué entendemos por comunidad, para luego notar que, sin necesidad de muchos análisis, se trata de un concepto problemático. Quizás el más problemático del campo de las cuestiones ético-políticas. Pues, ¿es que acaso una comunidad debe siempre resolverse en lo «común», como parece señalarlo su propio nombre? ¿Debemos necesariamente buscar un vínculo de igualdad e identidad en nuestras diferencias para poder entendernos como parte de algo común? Algunos puntos de estas preguntas han sido abordados en el capítulo anterior mediante el problema de la identidad. Porque, en efecto, la identidad es algo que no solo quisiéramos predicar de individuos, sino también de comunidades, como cuando hablamos de «identidad cultural». Pero, puesto que la identidad ya ha sido señalada como un problema que es necesario abrir a nuevas determinaciones —más allá de su clausura en lo propio y lo exclusivo—, debemos dar un paso más. Si la identidad está también sujeta a las transformaciones —en parte calculables, en parte caóticas— que produce el principio de incorporación, deberíamos pensar que eso que mantiene firme nuestro ser-en-común no puede excluir sin más el cambio y la diferencia. ¿Cuáles son las consecuencias que el principio de incorporación, como ley de la constitución de nuestro ser *por mor* de la relación con lo otro en general —las cosas, las personas, los demás seres vivos, etc.— tiene para nuestra idea de comunidad? Esto es lo que queremos explorar aquí y lo que, proponemos, puede darnos una nueva entrada a la problemática cuestión de lo común.

   ¿Cómo es la forma más atómica de nuestras relaciones, que por su progresión en el tiempo y complejización de su estructura nos llevará a formar una comunidad en sentido ético-político? Esta es, quizás, la pregunta fundamental. Como se puede observar, no es una pregunta libre de problemas, pues supone que, encontrando una «forma atómica», es decir, irreductible de nuestras relaciones, podremos comprender sus formas más complejas y derivadas. Digo que es una pregunta no exenta de problemas pues su operador principal es lo que los fenomenólogos llaman «reducción», es decir, un método de reconducción de lo estratificado a lo simple, de lo complejo a lo que ya no tiene partes —*re-ductio* es la forma sustantiva del *re-ducere*, es decir, del volver a conducir o guiar al origen—. Esta reducción supone, ante todo, que es posible llegar, encontrar después de un largo camino de investigación retrospectiva que parte desde lo complejo *ya constituido,* hasta aquel momento o estructura de *constitución,* aquel momento sobre el cual todo lo compuesto es construido. Comporta la lógica cartesiana —metafórica— de la destrucción del edificio para llegar a sus cimientos, único modo que asegura una reconstrucción nueva, completamente inteligible y certera, de dicho edificio. El problema de todo esto debería saltar ya ante nuestros ojos: ¿realmente es posible llegar a dicho momento de constitución, momento simple, sobre el que todo lo demás puede ser edificado con seguridad? No estamos seguros de ello, y lo que se ha llamado, en el mismo sentido, *deconstrucción,* ya nos lo ha mostrado en su dificultad.[1] Sin embargo, ha sido la deconstrucción misma la que también nos ha mostrado que, pese a que no es posible confiarse de haber llegado al momento de constitución, al fundamento atómico de nuestras estructuras, no se puede sino *intentar llegar;* hacer el esfuerzo, siempre consciente de que ese lugar de llegada puede no ser más que un *señuelo* de origen: un *falso* comienzo, un comienzo que *parece* el verdadero, pero que aún puede ser reducido una vez más y otra y otra hasta —quizás, y *pace* Aristóteles— el infinito.

Comencemos nuestra investigación retrospectiva, que va desde las complejas formas que tenemos de entender hoy la comunidad y lo común en términos ético-políticos hasta sus estructuras simples o atómicas, desde una perspectiva no todavía filosófica, sino histórica. Acaso esta perspectiva, en la medida en que parece más empírica que especulativamente fundada, pueda convencernos de que vamos por buen camino. Recurramos entonces a una lectura imprescindible para nuestro propósito: se trata del texto, publicado en 2016, *Una historia*

1 Cf. J. Derrida, *El problema de la génesis en la filosofía de Husserl,* Salamanca, Sígueme, 2015.

política de la alimentación. Del paleolítico hasta nuestros días, del historiador Paul Ariès. En esta historia política de la alimentación, Ariès recorre un amplísimo periodo que va, como señala el subtítulo, desde el paleolítico hasta la república moderna, mostrando cómo la alimentación no es solo una práctica doméstica de supervivencia, sino la verdadera fuerza motriz de lo político en general. Leamos un pasaje clave:

> No es tanto la comunidad la que se aglutina en torno de su fuego, sino que es este hogar común el que crea la comunidad, como no es la comunidad la que comparte un banquete, sino este banquete el que crea la comunidad en tanto que cuerpo político. Asimismo, la política es la construcción de este espacio común, sustraído de las lógicas privadas, y el desarrollo de métodos específicos para administrarlo. La política fue primero un banal asunto alimentario antes de devenir esta cosa abstracta que excluye a la mayoría de la gente.[2]

Ariès es tajante en decirnos: no es que *primero* se forme la comunidad y solo *luego* la comunidad se dedique a prestar atención a comer y a comer juntos; a la inversa, comer juntos es la base de la creación del vínculo social. Es una tesis fuerte, novedosa y radical. Por lo mismo, también algo contraintuitiva, ya que lo que por lo general pensamos es que las cosas son al revés, sobre todo dado el lugar que tiene la alimentación en la historia de las ideas —siempre marginal—. Tendemos más bien a pensar que los lazos sociales se forman por múltiples factores, fundamentalmente por cuestiones biológicas como la consanguinidad, o jurídicas, como nacer en el mismo suelo. Dado que hemos aprendido que las primeras formas de comunidad, las protoco-

---

2 P. Ariès, *Une histoire politique de l'alimentation. Du paléolithique à nos jours,* París, Max Milo, 2016, p. 14.

munidades, son ante todo familias, nos hemos acostumbrado
—no sin los filósofos de todos los tiempos de por medio— a
que esta *reductio* al origen de la comunidad nos tendría que
llevar a la estructura de la filiación como su lógica fundante.
Pero Ariès dice no: *comer juntos, más que nacer del mismo padre,
es la dinámica fundacional de lo común;* una práctica en principio contingente y arbitraria se pone así por sobre una necesaria
para la efectiva perpetuación de la especie. Independientemente
de que tengamos un lazo sanguíneo o no, independientemente
también del lazo afectivo que la consanguinidad tiende a generar, está el comer juntos. Comer juntos es la forma primitiva,
básica o estructural de la comunidad.

No perdamos de vista que se trata de una tesis histórica:
de hecho, según múltiples fuentes historiográficas, Ariès en-
contró un hilo del cual tirar, el hilo de la alimentación. En su
texto este hilo está muy bien atado a ciertas determinaciones,
a saber: el hecho de que las prácticas alimentarias son también prácticas de supervivencia, con el mismo estatuto biológico que la reproducción, es un primer indicio que le permite
sustituir la lógica de la filiación por la de la comensalidad. En
segundo lugar, hay un factor político que es fundamental, y se
trata de la administración y la distribución de los alimentos.
Un punto fuerte de su análisis histórico es la relación con las
estructuras de dominación que se han dado en las diversas comunidades políticas a través de la historia, cuestión que para
él está estructuralmente vinculada a las prácticas alimentarias.
Pero el punto nuclear de su análisis no es que la alimentación
asegura la supervivencia de la especie, ni que la distribución
de alimentos es la *ratio* remota de las formas de gobierno y
dominación social; se trata, más bien, de lo que Lévi-Strauss
llamó «maneras de mesa» y de cómo estas determinan las configuraciones sociales de las comunidades políticas. Hay una
relación fundamental, dice Ariès, entre las maneras de mesa

y la política.[3] Los modos en que las comunidades comen, las normas que siguen al momento de alimentarse y las decisiones administrativas que toman sobre ello, determinan su modo de ser y hacer política. Aquí se incluye, ciertamente, tanto el cálculo de la supervivencia como el de la detención y ejercicio del poder, y es por esto que cada sociedad, *cada una a su manera,* se forma a partir del vínculo especial que establece entre sus modos políticos y sus modos de relacionarse con el alimento.

Pero, decíamos, esta tesis de Ariès no es aún completamente filosófica. Desde la filosofía habría que tomar otra perspectiva, que implicaría ahora preguntarse cuál es la estructura, la *forma y lógica* específica, del comer juntos. O qué sucede en esa *performance,* en ese acontecimiento que llamamos «comer con otros» que hace posible que se juegue allí toda la normatividad de nuestro estar en común. Como ya podemos ver, se trata de niveles de investigación distintos, pues a Ariès le basta con encontrar muchos casos particulares, constantes y relacionados en la historia, desde los más primitivos en adelante, en los cuales las sociedades se forman en base a la mesa y a la repartición de alimentos. Lo que necesitamos encontrar en filosofía es una cierta lógica, es decir, un cierto principio de inteligibilidad y organización del compartir alimentos que nos permita pensar la comunidad de una manera más precisa.

Si seguimos aún a Ariès, veremos que hay un elemento que nos puede ser muy útil para el análisis filosófico. Se trata de la noción de *economía.* Si bien esta no aparece explícitamente en el fragmento expuesto, está contenida en la siguiente afirmación: «Asimismo, la política es la construcción de este espacio común, sustraído de las lógicas privadas, y el desarrollo de métodos específicos para *administrarlo*». Es decir, lo que el

3 *Ibid.*, p. 15.

historiador tiene en mente como paradigma de lo político, y que permite conectar efectivamente comensalidad y comunidad, es la administración. Se trata, como esbozamos antes respecto de Platón, del paradigma típicamente griego, que consiste en entender la configuración de lo público a partir de una lógica de repartición, distribución, cálculo, estratificación, etc. Como sabemos, en Platón la lógica administrativa se ejerce a partir de la tripartición y consecuente jerarquización de los estamentos que componen la república, que a su vez se sigue punto por punto de la tripartición y estratificación del alma. Sin embargo, en Aristóteles la cosa cambia; él, al igual que muchos filósofos postsocráticos, es crítico del modelo psicológico de administración y estructuración de la *polis*. Aristóteles es pionero en poner como modelo y unidad mínima de lo político a la casa, el *oîkos*. La casa, espacio doméstico no completamente «sustraído» a las lógicas de lo común, es la estructura mínima de lo político y, en consecuencia, será su modo de organización el que se replique a escala en la *polis*. La *polis* es así una suerte de «gran casa» que, como tal, debe ser administrada económicamente. Pues economía es un vocablo de origen griego conformado por dos términos: *oîkos* y *nomia*, es decir, literalmente se refiere a las normas o leyes con las que se ordena y se maneja la casa. El paradigma político aristotélico es así eminentemente económico, y no debe confundirse con el mero manejo de las riquezas —cuestión que es para Aristóteles la degeneración de la economía en *crematística*, es decir, en el arte de acuñar y acumular dinero—, sino que se trata de un complejo normativo que permite ordenar una casa de modo que se mantenga estable y segura para quienes la habitan.

Entonces, si las prácticas alimentarias han de ser la base dinámica de la política, esto significa que es necesario sostener para la comunidad un paradigma más administrativo que de otro tipo —soberano, por ejemplo—.[4] De esta manera, esta administración de la casa común, esta economía que es la política, es siempre *pública;* no puede simplemente clasificarse en el ámbito que llamamos «privado». La tesis de Ariès, entonces, señala que lo que nosotros llamamos política no es tanto el lugar de las ideologías o de las disputas por la hegemonía, ni siquiera es el lugar del mando y la obediencia, sino que es —mucho más simplemente— la administración de lo común. «La política fue primero un banal asunto alimentario», dice Ariès, no sin un toque de ironía, pues lo que hoy, para nosotros, es propio del reducido espacio de la administración doméstica, es en realidad el origen de la política. O, dicho de otra manera, la política, ese espacio cada vez más ajeno a la vida cotidiana es, antes que toda otra forma de organización, nada más y nada menos que administración doméstica.

En este punto, habría que hacer, sin embargo, una inflexión crítica: primero, eso que Aristóteles llamaba «casa», *oikos,* no tenía la misma significación que le damos después de la Modernidad —tal como lo nota ya agudamente Hannah Arendt en la década de 1960—,[5] pues la casa no es un espacio del todo privado, como señalábamos, ni puede confundirse completamente con la familia que la habita. En efecto, y si bien Aristóteles es crítico de la falta de familias en la república platónica, no es claro que al hacer de la casa la estructura atómica de la sociedad esté diciendo que la familia también lo es. Una vez más, ahora filosóficamente, este paradigma comensal-administrativo de la comunidad se contrapone a la lógica filial que comienza a imperar fuertemente con el advenimiento del cristianismo. Así

---

4 A Carl Schmitt le debemos la formulación más paradigmática del poder como soberano, una concepción performática del poder, basada en una decisión política instituyente, muy distinta de una noción primariamente administrativo-económica del poder. Cf. C. Schmitt, *Teología Política*, Madrid, Trotta, 2009.

5   Cf. H. Arendt, *La condición humana*, Buenos Aires, Paidós, 2009.

como históricamente Ariès muestra que no son las prácticas familiares sino las de alimentación las que dan lugar a lo común, en términos filosóficos habría que sustituir ahora la *lógica de la filiación* por la *lógica de la comensalidad*. Si reducimos lo común a sus elementos atómicos, no nos quedaría ya la familia, sino una comunidad unida por el vínculo de las prácticas alimentarias —domésticas, administrativas— que comparte.

Aunque quizás no se vea tan patentemente aún, estas conclusiones son de importancia crucial para la historia de la filosofía. Decir que el cimiento del edificio de la política —por volver a la metáfora cartesiana— no es la familia, sino la administración doméstica y específicamente alimentaria, es por completo radical y novedoso. Y lo es, sobre todo, como decíamos, después del advenimiento del cristianismo. No es desacertado decir que el núcleo de nuestro pensamiento de la comunidad es aún cristiano, en la medida en que suponemos casi acríticamente que en la base de lo social está la familia. ¿Es realmente la familia el núcleo de la sociedad? ¿Es posible una sociedad sin familias? Platón, vanguardista en su época, pensaba que sí; Aristóteles no estaba del todo seguro, aunque se negó a una sociedad de mujeres e hijos comunes y puso la casa en el centro. Pero la casa, como veíamos, no es una unidad necesariamente familiar, sino solo administrativa. Es el cristianismo, con la idea de que la humanidad es una gran familia cuyo padre es Dios, el que reforzó el pensamiento de lo político basado en la lógica filial. Hegel es, quizás, el más importante pensador en consolidar esta idea, varios siglos después, al sostener que el primer momento abstracto de la dialéctica del Estado es justamente la familia;[6] y como el movimiento superador o relevador de la *Aufhebung* hegeliana no solo suprime, sino que también

---

6 Cf. G.W.F. Hegel, *Principios de la Filosofía del Derecho*, Buenos Aires, Sudamericana, 2004.

conserva los momentos dialécticos anteriores, está claro que la familia sigue siendo parte estructural y lógica de eso que hoy llamamos Estado moderno.

¿Pero qué sucedería, para esta tradición de pensamiento, si la misma familia, la protofamilia o familia arquetípica, no pudiera entenderse sin la alimentación? No nos referimos solo a la posibilidad de pensar que las familias necesitan alimentarse en conjunto para sobrevivir, como un recién nacido del pecho de su madre, por ejemplo. Más bien, pensamos en la posibilidad de que la lógica misma de la filiación sea antecedida por la de la comensalidad. *Antecedida* ahora en términos filosóficos, es decir, lógicos y no ya solo históricos o cronológicos. ¿Y si la lógica de la comensalidad fuera *primera* respecto de la de la filiación, es decir, si la familia fuese un *derivado,* un *efecto* de la comensalidad? ¿Es esto pensable?

No solo es pensable, sino que ha sido pensado y es del todo fundante para Occidente. Y, sin embargo, ha tendido a pasar desapercibido. Nos referimos a la increíble —y lo decimos en sentido fuerte— posibilidad de volvernos familia, es decir, *parientes,* comiendo el mismo alimento de la misma mesa. A lo que podríamos agregar: comiéndonos, además, al otro con que comemos —los unos a los otros—. Extraña fórmula que, sin embargo, la encontramos ya en una de las escenas más importantes del cristianismo: la última cena, replicada como liturgia en el momento de la eucaristía. Como es sabido, comer la hostia es comer el cuerpo de Cristo, y con ello incorporar a Dios en nosotros, de modo que él se haga parte de lo que somos, nosotros parte de él y, entre todos, miembros de un mismo cuerpo social: *corpus mysticum.* Las reflexiones sobre la eucaristía son, nos parece, el primer intento propiamente filosófico de fundar la familia y, con ella, la comunidad política, sobre una lógica alimentaria. Desde el polémico dogma de la transubstanciación hasta la idea más amplia de que se trata de un momento solo simbólico de comunión, la lógica del consumo de la hostia es una de las primeras configuraciones filosóficas que atan comunidad y comensalidad. Pero el cristianismo no tiene en este campo la última palabra: es necesaria una breve vuelta al psicoanálisis y a la antropología para ver allí también un intento del todo filosófico de llegar a una misma formulación.

Comerse al padre

La idea de *comerse al padre* como símbolo del momento de institución de la unidad de lo común no es ni exclusiva del cristianismo ni es inaugurada por este. Se trata de una variante de aplicación del principio de incorporación que ha sido analizada tanto por la antropología como por la sociología y el psicoanálisis, mediante el estudio de culturas «primitivas» —pre o extracristianas—. Surge en principio por los intentos de analizar la estructura básica del ritual totémico, es decir, del ritual central de las religiones arcaicas —religión que también puede entenderse como una forma general de organizar la sociedad—. Desde distintos puntos de vista, el ritual totémico de sacrificio e ingesta del padre permite tanto obtener sus propiedades políticas, es decir, su potencia soberana, como reafirmar el vínculo social que los une como comunidad. Aclaremos que al decir «padre», en realidad, nos referimos al tótem mismo, que normalmente se identificaba con alguna especie animal o vegetal. Sin embargo, hay indicios suficientes para sostener que el tótem tiene una función simbólica y arquitectónica para las sociedades arcaicas, análoga a la de un *pater familias,* cuestión que nos interesa sobremanera y que exploraremos a través de la lectura del clásico texto de Sigmund Freud, *Tótem y tabú,* publicado en 1913.

En este singular texto, en el que Freud expone abiertamente su interés por la antropología, encontramos una propuesta teórica que señala en la exacta dirección a la que apuntábamos a partir de nuestra tesis sobre comunidad y comensalidad: mediante un análisis de diversos estudios culturales, Freud intenta dar con una suerte de estructura basal e invariante de la vida social, que es su origen tanto en sentido lógico como cronológico. Lo hace, sin embargo, con un interés genuinamente psicoanalítico: el de «aplicar puntos de vista y conclusiones del psicoanálisis a unos problemas todavía no resueltos de la psicología de los pueblos».[7] El texto se escribe contra la escuela de Zúrich que, a la inversa, pretende resolver problemas de la psicología individual recurriendo a material sobre la psicología colectiva. El texto de Freud tiene como subtítulo *Algunas concordancias en la vida anímica de los salvajes y de los neuróticos,* adelantando así que gracias a sus avanzados estudios sobre la neurosis, especialmente a partir del descubrimiento del complejo de Edipo, será posible un acercamiento analítico al alma salvaje. De esta manera, Freud lee a grandes antropólogos y sociólogos de su época, entre los que destaca el ya aludido Frazer, pero también Robert Smith, James J. Atkinson, Andrew Lang y, notablemente, Charles Darwin, entre otros. Agregando la visión del psicoanálisis sobre muchos de los problemas antropológicos tratados hasta la fecha, Freud logra dar con una interpretación nueva y original que está complejamente imbricada con su propia teoría del desarrollo de la vida psíquica desde la infancia.

En los apartados en los que se hace cargo del totemismo, cuestión en la que se concentran para él los problemas más desafiantes de la antropología —pues el tabú parece más familiar, más cercano a la moral occidental—, Freud nos permite comprender su sentido psicológico. Cobran así especial relevancia para él tanto las propiedades que se le atribuyen al

---

7 S. Freud, *Tótem y tabú, Algunas concordancias en la vida anímica de los salvajes y de los neuróticos*, en *Obras completas* vol. XVIII, Buenos Aires, Amorrortu, 1991, p. 7.

animal/vegetal totémico en casi todas las culturas como el ritual sacrificial al que se lo somete en contadas pero reiteradas ocasiones y que da lugar a uno de los acontecimientos más importantes de la comunidad. En principio, Freud nota que el tótem, normalmente un animal, es sagrado en su doble significación: está cubierto con un aura divina que prohíbe su asesinato; incluso en algunas sociedades no se puede siquiera tocar o nombrar. Pero, a la vez, en tensión con esta prohibición, el animal totémico debe ser sacrificado reiteradas veces a lo largo de la vida de la comunidad, ya sea por entero o en parte. Esto se debe, concluye Freud, a que el tótem comporta una variedad de significados que lo invisten de una autoridad única, entre los cuales destaca la capacidad de servir de vínculo que une a los miembros de la comunidad entre sí, y a estos con la divinidad. Y si bien el tótem no es él mismo el dios al que se rinde culto, opera mediando entre él y la comunidad a través de los rituales sacrificiales. Ante las más clásicas interpretaciones del sentido de estos sacrificios, según las cuales el animal se mataba y su carne se comía como una ofrenda al dios, Freud destaca un nuevo elemento: el animal totémico era para muchas culturas también parte estructural de la comunidad, pues pertenecía al mismo linaje. Era un familiar más. «La comunidad sacrificadora, su dios y el animal sacrificial eran de la misma sangre, miembros de un mismo clan», señala Freud.[8] De ahí que el animal fuera respetado, cuidado e investido de autoridad, tal como se hace con un pariente. Sin embargo, quedaba aún por explicar la necesidad de su muerte sacrificial y de su ingesta.

Aquí aparecen dos elementos cruciales para el análisis: por un lado, Freud llega a la conclusión de que el animal totémico no era realmente un pariente entre otros, sino que sus características eran análogas a las del padre de familia. En cuanto

8   *Ibid.*, p. 138.

3. Comensalidad y comunidad

tenía la autoridad legislativa de un padre, era quien realizaba o decidía sobre el tabú social; en cuanto cabeza de una familia, su sangre era la que simbolizaba efectivamente la unión familiar de la comunidad. El segundo elemento tiene relación con la ingesta sacrificial misma. Freud nota, en la línea de Ariès, que la unión producida por la sangre, el parentesco o lo que los antropólogos llaman *kinship,* no llega a mantenerse estable y seguro en el tiempo sin un supuesto de otra índole, a saber: comer juntos. *Kinship* significa participar en una sustancia común; naturalmente, se tiende a pensar que esa sustancia se adquiere de los progenitores, especialmente de la madre por efecto de la gestación; sin embargo, no es evidente que una vez nacido el niño dicha sustancia común se mantenga sin transformarse. Decir que «tenemos la misma sangre» es en realidad una metáfora que refiere a dicha participación de una sustancia común, pero es evidente que una madre, un padre y su hijo no tienen *literalmente* la misma sangre. ¿Cómo mantener el *kinship,* entonces, más allá del parto?

Es aquí donde la alimentación se vuelve una pieza clave. De hecho, una primera forma de mantenerse unido sustancialmente a la madre es nutrirse de ella, pero una vez destetado el niño se vuelve al mismo problema. De ahí que sea necesario que todo miembro del clan

> pueda adquirir y reforzar su *kinship* también en virtud del *alimento que comió después, renovando así su cuerpo.* Y si uno compartía el banquete con su dios, ello expresaba el convencimiento de que se era de una misma sustancia con él; y si alguien era discernido como extranjero, no se compartía banquete alguno con él.[9]

Así es como Freud concluye que «el *kinship* es más antiguo que la vida familiar», pues es evidente que las familias, en cuanto

---

9 *Ibid.,* p. 137. Cursivas nuestras.

estructuras sociales, abarcaban a personas que no tienen «la misma sangre» —esposos, cuñados, suegros, etc.—, cuestión que además se sigue de la prohibición universal del incesto como tabú primordial de la cultura. Continúa Freud: «Sabemos ya que en épocas posteriores toda comida en común, la participación en la misma sustancia que penetra el cuerpo, establece un lazo sagrado entre los comensales».[10] Con esto, entonces, logra explicar que, pese al respeto que protegía la vida del animal sagrado, del tótem en cuanto miembro del mismo linaje, cada cierto tiempo era necesario darle muerte en solemne comunidad y repartir entre los miembros del clan su sangre y su carne para así afirmar y reafirmar su unión.

Son estas reflexiones las que le permiten a Freud sostener que los rituales sacrificiales son eventos de institución de la comunidad política, cuya validez se recrea cada vez que una sociedad celebra su propio banquete totémico: una celebración virtualmente presente en toda práctica cultural, en la que se come, se bebe y se rememora el origen de dicha comunidad. Esta celebración puede y tiene muy diversas formas y normas, desde la celebración del día de la independencia, tan clásico de los Estados nación poscoloniales, hasta las formas más diversas de conmemorar a los padres fundadores, incluida la eucaristía como momento de recreación de la comunión en la misa. Es decir, el mito totémico explicaría por qué los humanos, aunque pertenezcamos a las culturas más disímiles, establecemos prácticas que intentan recrear el origen de nuestras comunidades para así mantenerlas vivas y unidas, prácticas en las cuales comer juntos siempre está presente como acción estructural.

Sin embargo, nos queda aún por dilucidar cómo es que el padre puede llegar a reemplazar o a ser reemplazado por el animal totémico. Es donde intervienen, quizás, los análisis pro-

10 *Ibid.*, p. 139.

piamente psicoanalíticos más emblemáticos de Freud. Para ello es que recurre a la famosa conjetura darwiniana sobre la horda primordial. Es sabido que Darwin intentó explicar las formas más primitivas de vida humana en común deduciendo retrospectivamente su comportamiento, y en relación a la observación de primates. En dichas observaciones, Darwin concluyó que los humanos primitivos se agrupaban en hordas compuestas por un macho dominante, cuyo dominio estaba dado por la posibilidad de acaparar para sí toda la vida sexual y reproductiva de las hembras de la horda. Todo otro macho no dominante sufría así o la exclusión de la horda o su sometimiento total al macho dominante, a veces directamente su muerte. Esto generaba que, si los machos excluidos —que no son, en general, sino los hijos del macho alfa— lograban unirse entre sí y matar al macho dominante, podían apoderarse de sus hembras procurándose libertad y dominio. Esto habría ocurrido, según la conjetura de Darwin, también en las agrupaciones más primitivas de humanos precivilizados. Solo que en dichas hordas el padre muerto era también comido. Trasladado al totemismo, esto explicaría por qué la alegoría de la muerte del padre y su ingesta forman parte del banquete totémico. Leamos a Freud:

> Si nos remitimos a la celebración del banquete totémico podremos dar una respuesta: un día los hermanos expulsados se aliaron, mataron y devoraron al padre, y así pusieron fin a la horda paterna. Unidos osaron hacer y llevaron a cabo lo que individualmente les habría sido imposible. (Quizás un progreso cultural, el manejo de un arma nueva, les había dado el sentimiento de su superioridad.) Que devoraran al muerto era cosa natural para unos salvajes caníbales. El violento padre primordial era por cierto el arquetipo envidiado y temido de cada uno de los miembros de la banda de hermanos. Y ahora, en el acto de la devoración, consumaban la identificación con él, cada uno se

apropiaba de una parte de su fuerza. El banquete totémico, acaso la primera fiesta de la humanidad, sería la repetición y celebración recordatoria de aquella hazaña memorable y criminal con la cual tuvieron comienzo tantas cosas: las organizaciones sociales, las limitaciones éticas y la religión.[11]

Sin embargo, falta aún desatar un nudo: la relación entre el padre y el animal totémico, entre el padre y la carne que se come en el ritual. Como señalamos, dicha asociación estaba dada en principio por la sacralidad, respeto y autoridad con la que se investía al animal totémico, características análogas a las de un padre de familia. Pero Freud da un paso más: a partir de sus propios casos y analizando algunos de Sándor Ferenczi, nota que muchas de las fobias que los niños tienen respecto de animales están en relación con una cierta fobia a su propio padre. Al igual que en las hordas primitivas, para el niño el padre es el macho dominante que acapara libidinalmente a las mujeres del clan y prohíbe a todo otro macho el contacto sexual con ellas. En el caso del niño, la hembra en cuestión no es sino la madre, cuyo amor es monopolizado por el padre, al cual entonces se odia. Pero como es el mismo padre el que instaura todas las prohibiciones, su muerte se ve como una posibilidad de liberación y de posesión afectiva de la madre. Esta es la raíz del complejo de Edipo, y explicaría también para Freud la sustitución que en el banquete se da entre el padre y el tótem.

Comerse al padre permite, entonces, tanto la adquisición por asimilación de ciertas características propiamente políticas como la unificación de la comunidad. De ahí que el banquete sea siempre festivo, pues celebra la reafirmación del lazo social y de parentesco, así como la posibilidad de nuevas formas de organización política. Pero, por otro lado, el banquete también

---

11 *Ibid.*, pp. 143-144.

es en parte un momento de duelo, en el que se llora la muerte del padre —del tótem—, se le rinden homenajes y se honra su vida ya pasada. Diversas variantes posibles de este relato o mito, piensa Freud, son arquetípicas de todas las culturas, y es un elemento crucial en la constitución de las formas sociales más complejas de la psiquis humana. Enfaticemos que se trata de un relato que se repite innumerables veces, y que en cada repetición adquiere elementos nuevos y distintos. Dicha repetición, aclarémoslo ya, es del todo simbólica, es decir, se trata de un ritual en el que se recrea en sentido figurado eso que el mito plantea en modo literal. Lo que sucede con el cristianismo y con la eucaristía como liturgia podría ser entendido, en algún nivel, como una variante de este «mito cero», cargado de muchas especificidades simbólicas propias de su desarrollo como religión monoteísta. Pues, sin duda, las repeticiones pueden ser tan distintas como lo es el sacrificio del tótem, la liturgia de la eucaristía o una celebración de independencia: en todas se celebra el origen, la institución, del lazo comunitario —el del clan, el de los cristianos, el de los nacionales—, y se celebra comiendo: en un caso, la carne del animal totémico; en otro, la hostia en cuanto símbolo que representa el cuerpo de Cristo; en otro, banquetes con aquellas comidas que consideramos «típicas», es decir, nuestras, partes de nuestro linaje y territorio. Y es un momento también de conmemoración y duelo, ya sea por la muerte del tótem, de Jesús o de los padres fundadores.

Lo cierto es que en todos los casos, el padre que se come es realmente un *símbolo*: la carne del animal totémico, la hostia, las preparaciones de nuestros ancestros. Como constata Jérémie Koering en un interesante texto llamado *Los iconófagos. Una historia de la ingestión de imágenes,* culturalmente pueden encontrarse dos grandes funciones en la práctica cultural y ritual en las que se comen iconos o símbolos: una función constituyente y una instituyente. La primera tiene una función subjetivante y vertical, producida por las propiedades mágicas, normalmente curativas, que se asocian con una imagen que se ingiere. La segunda, y la que más nos interesa, es «esencialmente horizontal y tiene como principal finalidad *inscribir al consumidor en una comunidad determinada*».[12] Este último es, sin duda, el caso tanto del banquete totémico como el de la eucaristía cristiana: la institución de una comunidad y la inscripción de quien come en dicha comunidad. ¿Pero por qué consumir, comer, ingerir una imagen ha sido considerado necesario para la institución o para la inscripción de un miembro en un grupo social? Basta que pensemos nuevamente en nuestro principio de incorporación y en las representaciones que nos hacemos de la ingesta alimentaria: la asimilación del icono en el cuerpo y la determinación de la ingestión como el verdadero paradigma del contacto, de la unión y comunión.[13]

Es necesario, por tanto, que la imagen que representa por semejanza al cuerpo del padre sea lo más material posible, y se confunda materialmente también con nosotros, con nuestra propia corporalidad. En el caso del cristianismo, la ingestión de imágenes puede también explicarse por la importancia que se da a la metáfora de la incorporación para figurar la relación de los hombres con el mundo sobrenatural, cuestión que es tributaria de una lógica analógica, base de la teología cristiana medieval. Como dice Koering, «esta presencia de objetos mágicos en el mundo cristiano se explica principalmente por la permanencia del esquema de pensamiento analógico que caracteriza a la gran mayoría de las civilizaciones antiguas».[14] Este esquema permite entender, mediante una relación que es en parte igual y en parte diferente, lo que no puede comprenderse

12   J. Koering, *Les iconophages. Une histoire des images que l'on mange*, París, Actes Sud, 2021, p. 17.
13   *Ibid.*, p. 63.
14   *Ibid.*, p. 48.

mediante el conocimiento empírico, es decir, mediante la experiencia. Todas las cuestiones divinas o metafísicas, entonces, eran comprendidas mediante una lógica analógica, es decir, estableciendo similitudes con cuestiones ya conocidas y atribuyendo estas propiedades conocidas a lo desconocido. No podemos entrar aquí a describir lo que fue el verdadero paradigma epistemológico dominante durante más de veinte siglos de filosofía, que incluso —y contra lo que señala Koering— permeó hasta en la Modernidad filosófica y científica que intentó cuestionarlo y superarlo. Sin embargo, es importante señalar que sin dicho modo de pensar analógico, ninguna de las funciones, ni la operatividad general del principio de incorporación que hemos ya descrito, serían posibles. Más allá de la evidencia que tenemos hasta hoy de que el pensamiento analógico opera hasta en las disquisiciones más científicas, es importante recalcar que toda la teología cristiana está especialmente montada sobre él.

El cogito *alimentario*

Sobrevolemos esquemáticamente lo que nos interesa recalcar de la eucaristía cristiana. Primero, tomemos conciencia de que el cristianismo no es solamente una nueva religión que surge del judaísmo en el siglo I d.C., sino también —y quizás incluso más importante— una nueva forma de hacer comunidad política. En general, no sería erróneo decir que todas las religiones son, en gran medida, formas de organizar una comunidad política y de administrarla. El cristianismo no es la excepción, y su nueva forma de hacer política es históricamente determinante para nosotros, precisamente porque reconfigura la noción de comunidad a partir de la estructura de la familia. Pues si bien la comunidad formada por la religión monoteísta de la que surge el cristianismo, el judaísmo, también se desarrolla y crece en base a lazos familiares, la importancia de la familia en el cristianismo es lo que ha cambiado la forma occidental de pensar lo político desde entonces. Como señala Hegel, en el judaísmo las relaciones entre los miembros de la comunidad tienden a ser de dominación y servidumbre: el hijo es siervo del padre, el pueblo elegido es súbdito de un Dios soberano.[15] El dios judío comporta más bien la figura de un alto soberano político, pues se trata de un dios *absolutamente otro* para el judío, que nunca se presenta, que no admite imágenes, con el cual no se puede dialogar, y cuya única mediación posible se da por la abnegada observancia de sus leyes. Es una religión, por tanto, en la que el lazo que establece la comunidad con Dios es tan irrepresentable como desafectado: como lo constataba también Hegel, el judaísmo es una religión sin amor, cuya moral es abstracta y su ley solo obliga objetivamente, sin motivo afectivo que obligue, a su vez, subjetivamente.

Quizás la razón más determinante de por qué el cristianismo rompe con el paradigma religioso que lo antecede sea justamente esta, a saber, el modo en que configura la noción de comunidad: los fieles son una familia en la que todos son hermanos, hijos de un mismo padre, Dios. De una manera que hoy nos parece quizás obvia, pero que no es evidente en absoluto —y no lo fue tampoco en el momento de su surgimiento—, los cristianos se constituyen como comunidad al saberse hijos de su Dios. ¿Pero cómo es posible para un humano, finito, imperfecto, ser *efectivamente* hijo del único y verdadero Dios? Sin duda, esta constitución de la comunidad por lógicas de filiación rememora a esos antiguos dioses arcaicos, que adquieren ciertas características humanas, de criaturas finitas, para poder reproducirse y tener hijos, cuestión que ya había sido

15 G.W.F. Hegel, *El joven Hegel. Ensayos y esbozos*, Madrid, FCE, 2014, p. 465.

aparentemente superada por el advenimiento del monoteísmo y la alteridad como nota constitutiva del dios judaico. El cristianismo parece así retomar una herencia helénica que conjuga con la necesidad del monoteísmo y su rechazo de la antropomorfización de la deidad, operación que se realiza, como diría nuevamente Hegel, en cuanto religión de relevo que supera y conserva a las formas religiosas anteriores: en cuanto religión especulativa en sentido propio. Mediante un complejo esquema de razones y causas que no podemos profundizar aquí, que van desde la necesidad de hacer más cercana la relación entre los fieles y Dios, más efectiva la obediencia de sus leyes, hasta la necesidad de expandirse como nueva religión, es que el cristianismo renueva la idea de comunidad y, con ello, también la forma de hacer política.

En el cristianismo tenemos, entonces, una nueva fórmula de comunidad política, basada en un vínculo afectivo, es decir, sensible, emocional, pasional, como es el amor que Dios nos tiene por ser sus hijos, y que le debemos por ser nuestro padre; que nos hace, en consecuencia, hermanos. Sin duda, que la estructura fundamental de la comunidad política tome, con más fuerza y alcance que nunca, la forma de una gran familia, es una cuestión de altísimo interés filosófico que ha preocupado a todos quienes han hecho de la política el objeto de sus reflexiones. No nos detendremos, sin embargo, aquí. Como ya avanzábamos más arriba, nos interesa la relación que la constitución de esta comunidad tiene con el comer juntos, con la comensalidad. En esta forma de la comunidad cristiana, basada en el vínculo del amor filial, el alimento tiene un rol primordial, y lo tiene precisamente en el momento de su institución, en el sentido que le da Koering. Como sabemos, se trata de una función mística y hasta mágica atribuida al alimento, que la hace muy difícil de pensar racionalmente y es objeto de las más polémicas disputas entre los teólogos medievales. Pues, como decíamos, no es obvio ni evidente que nosotros, toda la humanidad, podamos pensarnos sin problemas como hijos de un padre celestial y divino. Está claro que, en la medida en que el dios monoteísta occidental es un dios creador —no como el *theón* aristotélico, por ejemplo, que solo *mueve* al modo de la causa final, pero que no ha creado un cosmos que siempre ha existido y existirá— la analogía con el padre se impone fuertemente. Igual que el propio Aristóteles, quien no pudo explicar la relación entre un artista y su creación más que con una analogía reproductiva.[16] Pero más allá de que Dios pueda ser analógicamente nuestro «padre» gracias a que es nuestro creador, la nueva religión necesitó de un momento de institución concreto y material de esta comunidad familiar, que asegurara y sellara dicha asociación analógica sin lugar a dudas. Momento instituyente que además puede conmemorarse, es decir, repetirse infinitamente a lo largo del tiempo, a modo de renovación y revalidación constante del vínculo instituido. En el caso del cristianismo, es la última cena de Jesús con sus discípulos, la cual se recrea cada vez como liturgia de la eucaristía.

Tal como señala Koering, la hostia es a la vez índice, icono y símbolo: «se instaura una continuidad física, material, entre Cristo y los que comulgan. La imagen comestible deviene así el *operador* por el cual el cristiano se *reforma* y la comunidad se instituye».[17] Hostia que en principio no es más que el representante sucesivo de ese pan que Jesús dio en el momento originario a sus discípulos diciendo: «este es mi cuerpo», *hoc est corpum meum*. Cada vez que, en conmemoración de dicho momento de convivialidad, se toma un trozo de pan, es esa pequeña frase la que todo lo transforma: como genuino acto de habla, mo-

16 Respecto de las analogía aristotélicas entre la naturaleza, Dios, artesanos, médicos, cocineros, etc. Cf. E. Bianchi, *La naturaleza en disputa. Physis y eros en el pensamiento antiguo*, *op. cit.*

17 J. Koering, *Les iconophages*, *op. cit.*, p. 237.

mento verdaderamente performativo del lenguaje, «este es mi cuerpo» pronunciada por quien tiene la autoridad y capacidad, promete transformar el pan en *corpus Cristi,* y así permitir a los fieles *entenderse a ellos mismos, constituirse como sujetos* de la comunidad cristiana, *cada vez.* En cuanto comer genera para el fiel el efecto recursivo de constituirse como un yo cristiano, en este caso, como un ser consciente de sí en cuanto miembro del *Corpus mysticum* de la Iglesia, opera aquí una suerte de *cogito alimentario.* Siguiendo una muy plausible provocación de De- rrida, podría decirse que comer es en los evangelios análogo al pensar de las *Meditaciones metafísicas* de Descartes. Este *cogito de comerse al otro,* como lo describe Derrida,[18] está en la base del sujeto cristiano, es decir, del individuo que no se entien- de a sí mismo sino a partir de su inscripción en la comunidad de hermanos. *Cogito* que Derrida cree encontrar en las famosas *Confesiones* de san Agustín, cuando dice:

> He aquí, Señor, que yo arrojo en ti mi cuidado, a fin de que viva y pueda considerar las maravillas de tu ley. Tú conoces mi im- pericia y mi debilidad. Condúceme y sáname. Aquel hijo único tuyo, *en el que están escondidos todos los tesoros de la sabiduría y el conocimiento,* me redimió con su propia sangre. *No me calum- nien los soberbios, porque pienso en mi rescate, y lo como, y lo bebo, y lo distribuyo,* y, pobre, deseo saciarme de él en compañía de aquellos que lo comen y son saciados.[19]

Análogamente a Descartes, Agustín encuentra la verdad última en sí mismo, en su propio pensamiento; pero no únicamente en el pensamiento, sino en el pensamiento unido al acto de la inges-

18   Se trata de otra de las propuestas del seminario inédito de Derrida, *Manger l'autre,* de 1989-1990. En J. Derrida, *Manger l'autre, op. cit.*
19   Agustín de Hipona, *Las Confesiones, Vol. II,* Madrid, BAC, 1979, p. 453, X, XLIII-70. Últimas cursivas nuestras, además de una modificación en la traducción.

ta. La incorporación alimentaria es lo que permite, para Agustín, saberse un yo y saberse acompañado: ese «infinito puesto en mí» del que habla Descartes en su tercera meditación, que permite al yo abrirse a lo otro en general y soslayar la amenaza del solipsismo, para Agustín no ha llegado allí sin un acto —léase, concreto, material— de ingesta. *Pienso, como, bebo; Ego cogito, manduco, bibo,* dice Agustín. No se trata ya solo de pensar, sino de hacer de ese pensar un proceso incorporativo de ese otro que es Dios: se incorpora, dentro del yo autoidéntico y recursivo, un Otro que es la verdadera salvación, el rescate del pecado, la sangre redentora y el cuerpo mismo de Dios. Es así como el pensamiento sale de su encierro circular y queda abierto por y para los otros. Derrida interpreta esta frase como la fórmula de constitución del sí mismo del cristiano en cuanto perteneciente a la comunidad de hermanos, es decir, como aquella estructura formal última del yo cristiano. No se es cristiano, parte de la comunidad de fieles, sin una actividad de incorporación de eso otro que redime y permite la efectiva inscripción en la comunidad. De ahí que no se pueda decir «yo pienso» si no está acompañado por un «yo como», «yo bebo», es decir, yo incorporo —concreta, sustancialmente— aquello mismo que sustenta y valida mi pensamiento en cuanto redimido. Por esta razón, las más célebres objeciones que recibió Descartes de parte de los teólogos de la época se centraron en la necesidad de suponer una sustancia *real* en la base de las determinaciones accidentales de los objetos, pues sin ella no tendría eficacia la operación mística que constituye al pan eucarístico: dado que el pan que se transforma en cuerpo de Cristo solo es pan accidentalmente, y su sustancia es el mismísimo Dios, una total formalización o eidetización de la sustancia entraría en conflicto con el dogma de la transubstanciación.[20]

20 Se trata especialmente del teólogo Antoine Arnauld. Cf. R. Descartes, *Meditaciones metafísicas con objeciones y respuestas*, Madrid, Alfaguara, 1977, p. 177.

3. *Comensalidad y comunidad*

En principio, esta fórmula incorporativa ha sido interpretada como la posibilidad de contener ese infinito, ese rescate o redención en el interior del yo, de modo que conecte al sujeto tanto con los demás miembros de la comunidad como con Dios mismo. Sin embargo, anteriormente Agustín había hecho una aclaración fundamental: «Manjar soy de grandes —dice Agustín como oyendo la voz de Dios—: crece y me comerás. Ni tú me transformarás en ti como al manjar de tu carne, sino tú te transformarás en mí».[21] Probablemente siguiendo el evangelio de san Juan, san Agustín habla no solo de incorporar a Dios en el interior del yo, sino de ser, a la vez, *incorporado por él*. En efecto, Juan es el único discípulo que aclara expresamente que aquel que incorpora a Cristo *se incorpora* al mismo tiempo en él: «el que come de mi carne y bebe de mi sangre se mantiene en mí y yo en él» (Juan, 6, 56). Asistimos aquí a un punto de inflexión en el principio de incorporación en el que la ingesta del otro se vuelve bidireccional. Siguiendo a Koering, esta anotación agustiniana que enfatiza el movimiento inverso en la incorporación puede relacionarse con la noción de *symmorphon*, o el proceso de tomar semejanza, que san Pablo suele sostener como el objetivo del proyecto de la eucaristía: en el fin de los tiempos «el cristo transformará nuestro humilde cuerpo, y lo hará similar a su propio cuerpo glorioso».

Notemos, sin embargo, una cosa más. En el pasaje de Agustín recién citado pareciese ser que, a pesar de ser necesario *comer* el cuerpo de Cristo, este no puede comportarse como un alimento cualquiera: la transformación de su cuerpo en el nuestro no se da como en las digestiones regulares —el metabolismo no opera del todo con Dios—. En la medida en que dicha transformación metabólica supondría una asimilación y consiguiente

---

21 Agustín de Hipona, *Las confesiones*, *op. cit.*, p. 286, VII, X-16. Traducción modificada.

reducción de la alteridad e identidad de Cristo en la identidad del yo, es necesario pensar la ingesta más allá del mero comer. Estas últimas cuestiones son determinantes y no deben pasar desapercibidas, pues son las que permitirían comprender que, a pesar de la literalidad de las palabras de Jesús —*este es mi cuerpo, esta es mi sangre, comed y bebed todos de él*— ni su cuerpo ni su sangre realmente se *comen,* y no solo porque el pan —la hostia— no es *verdadera o literalmente* el cuerpo de Cristo, sino sobre todo porque su ingesta no debe ser asimilada al banal, corpóreo y hasta pecaminoso acto cotidiano de comer alimentos.

Beber del cuerpo

Volvamos un poco atrás y notemos que la cita del *cogito* agustiniano también incluye el «distribuyo»: yo como, bebo y distribuyo. Agustín entiende que el comer religioso es además un comer en común, donde todos los que nos reconocemos como hermanos comemos a la vez. Pero este «a la vez» no puede darse sin una distribución o repartición anterior. Esto es importante, pues algunos pasajes antes, en los primeros momentos de *Las confesiones,* Agustín ensaya otra posibilidad de comunidad basada en la ingesta, la escena de los «hermanos de leche». Agustín habla de una primera forma de comunidad de ingesta que se da entre hermanos: se trata de la comunidad que hay entre infantes que se alimentan de la misma nodriza. Subrayemos que se trata de hermanos que no tienen vínculo sanguíneo, es decir, no comparten una madre en sentido biológico, sino solo una común «madre» nutricia, aquella que les da a beber leche de su seno. Son épocas en las que los niños de alcurnia no eran alimentados por sus madres, sino por mujeres que cumplían asalariadamente —o por servidumbre— dicho rol, reemplazándolas. Lo que relata Agustín en torno a esa primera comunidad de ingesta es realmente sorprendente: a pesar de ser hermanos, en cuanto bebían la misma leche, dicha fraternidad estaba destinada al fracaso. ¿Por qué? Por causa de la mujer, de la madre sustituta que es la nodriza: por los celos, la envidia que genera en los hermanos el cuerpo de la nodriza y su imposibilidad de distribución. Leamos a Agustín una vez más:

> Vi yo y hube de experimentar cierta vez a un niño envidioso. Todavía no hablaba y ya miraba pálido y con cara amargada a otro niño conlactáneo suyo. ¿Quién hay que ignore esto? Dicen que las madres y nodrizas pueden conjurar estas cosas con no sé qué remedios. Yo no sé que se pueda tener por inocencia no sufrir por un compañero en la fuente de leche que mana copiosa y abundantemente al que está necesitadísimo del mismo socorro y que con solo aquel alimento sostiene la vida. Mas tolérase indulgentemente con estas faltas, no porque sean nulas o pequeñas, sino porque se espera que con el tiempo han de desaparecer.[22]

Envidia o celos entre niños muy pequeños producidos porque la fuente de la que mana el alimento es solo *una,* que solo permite beber *por turnos.*[23] La leche que fluye del pecho de la nodriza no puede ser repartida igual que un alimento sólido que no está unido ya a ningún cuerpo vivo. El problema de la comunidad de leche es que el alimento no está repartido y está estrictamente ligado al cuerpo de la madre, lo que provoca una confusión entre la necesidad de nutrirse y el gusto por el cuerpo de la nodriza: en lugar de mamar lo justo y necesario para ceder la teta al próximo hermano necesitado de alimento, el niño se aferra a ella con ahínco. Es el gusto que empieza a

22 *Ibid.*, p. 82, I, VI-11.
23 La cuestión de los celos en la hermandad de la leche también es analizada por Derrida en el seminario inédito citado, *Manger l'autre.* En Jacques, Derrida, *Manger l'autre, op. cit.*

sentir el niño por el pezón, por la teta, por la nodriza en suma, lo que lo confunde en su inocente alma infante. Esa confusión hace que aparezcan los celos entre hermanos de leche, celos que constituyen la destrucción de la comunidad de leche, que son la base de la enemistad. Así, la comensalidad que está en el núcleo de la comunidad no puede darse, constata Agustín, sin la repartición del alimento y sin la separación de este de aquellos elementos que lo vinculen con el placer. Se nos impone nuevamente la idea de que el cuerpo de Cristo no se *come en sentido estricto*. La hostia es insípida, pues no se trata de gozar comiéndola; de hecho, y como sugeríamos antes, es muy posible que la hostia ni siquiera se preste a lo que nosotros llamamos «comer» *como tal*, sino solo a su incorporación: no se masca, no se saborea, no se deglute, ni siquiera es nutritiva en sentido literal. Es decir, es una forma de incorporación alimenticia en la que no hay *propiamente* comer, tal como lo entendemos cotidianamente. Es así un elemento simbólico que condiciona tan solo la formación de una comunidad de hermanos, sin celo. «Es por la *representación* del fluir y de la ingestión del espíritu divino que la participación en la comunidad cristiana toma plenamente *figura*», dice Koering.[24]

La imagen de la fraternidad de la leche sigue siendo, en cualquier caso, mística y unitiva. Además de lo que la nodriza, una mujer —no dejemos de notarlo—, produce pecaminosamente en los niños, está la imposibilidad de repartir la leche. Ambas cuestiones ponen en peligro la comunidad. Sin embargo, dice Agustín más adelante, aquí podría haberse dado efectivamente una fraternidad cristiana originaria si no fuese por otro factor: el tiempo. La extrema inconsciencia de los infantes, que por no tener aún la capacidad de conocer el verdadero origen de la leche que mana del seno de la nodriza, se enfren-

24   J. Koering, *Les iconophages, op. cit.*, p. 138. Cursivas nuestras.

tan y enemistan. El origen, la verdadera fuente de ese alimento primero en la vida de todo humano, es realmente Dios; es Dios quien ha puesto en el pecho de la nodriza la leche nutricia que nos hace humanos y, con ello, hijos de Dios: «Recibiéronme, digo, los consuelos de la leche humana, de la que ni mi madre ni mis nodrizas se llenaban los pechos, *sino que eras tú quien, por medio de ellas, me dabas el alimento aquel de la infancia, según tu ordenación*».[25] Nuevamente, esta constatación enfatiza el carácter secundario de la mujer, que ya ha sido subordinada como madre, y ahora también como nutricia. Pues como clama Agustín ante Dios, el bien de la leche «no era de ellas, sino tuya por medio de ellas, porque de ti proceden, ciertamente, todos los bienes».[26] Es para evitar este peligro que genera la leche cuando es bebida directamente del seno de una mujer que es necesario esperar que pase el tiempo: esperar la adultez, la toma de conciencia —el *yo pienso* estricto— para luego comer, y comer distributivamente. Solo la distribución del alimento, la partición del pan y la división del vino —aunque sea el *mismo* pan y se beba de la *misma* copa— aseguran que se evite el celo de los hermanos, la envidia por comer antes que el otro aquel cuerpo divino que lo inscribirá en la comunidad divina. Y ese cuerpo no es, ni puede ser nunca, el cuerpo de una mujer.

Aun así, y en tensión con estas reflexiones, la leche permanece como alimento de infusión divina para los cristianos. Famosa fue desde el siglo xv la *Virgo lactans,* o la imagen de una Virgen María que da a beber de su seno la leche divina a determinados sabios y santos de la Iglesia. La lactación de san Bernardo se volvió una imagen ambicionada por múltiples artistas, y fue representada en diversos soportes por Luigi Capponi *circa* 1500, por Jacob Neffs en 1653, por Rafael Sa-

---

25 Agustín de Hipona, *Las confesiones, op.cit.,* p.78, i, iv-7. Cursivas nuestras.
26 *Ibid.,* p. 78.

deler en 1628, y magistralmente por Alonso Cano en 1650, en su famosa pintura de óleo sobre tela *San Bernardo y la Virgen* —expuesta hasta hoy en el museo de El Prado—. Sin duda, este caso es diferente al desarrollado por Agustín: primero, Bernardo no bebe la leche del seno de cualquier mujer, sino que es alimentado directamente por la virgen María, madre de Dios, dando a entender así la divinidad de su leche que proviene directamente del Padre, quien la ha convertido —con su inmaculada inseminación— *de hecho y de derecho,* en mujer de rango superior. En segundo lugar, san Bernardo no bebe directamente del pecho de la Virgen: se encuentra a distancia, arrodillado ante a la altura de María, y es la leche misma la que encuentra su camino desde el seno hasta la boca del santo. Se evita así la posibilidad pecaminosa del gusto por la madre, del deseo edípico que amenaza con dividir a la comunidad.

Sin embargo, hay indicios para afirmar que en esta santa escena de lactación no habría estado ausente del todo el disfrute. Si bien la distancia evita el contacto con el cuerpo de la Virgen, y así la posibilidad de confusión entre el alimento divino y el placer de probar su seno antes descrito, la representación de la leche como alimento para el alma introduce inevitablemente el sabor y el gusto en la ecuación. En efecto, es muy posible que lo que Cano y los demás artistas quisieron realmente representar mediante imágenes de la Virgen nutricia, en el momento mismo en que el protestantismo rechazaba su función mediadora, fue la analogía directa que en el cristianismo hay entre alimentación y transmisión del saber.[27] Dicha analogía tuvo su fundamento en una sutileza etimológica que vuelve del todo importante el comer con gusto dentro de esta alegoría religiosa: se trata de la familiaridad lingüística que hay entre sabor y saber, pues *sapere* en latín significa tanto «tener gusto», «sentir» como «conocer»,

---

27   J. Koering, *Les iconophages, op. cit.*, p. 156.

«comprender», «saber». En una misma y única operación, san Bernardo tuvo que saborear la leche para ser infundido por la sabiduría divina. O, al menos, para poder ser representado de esta manera.

Pero es sabido que la leche no es la única bebida corporal sagrada que une a los cristianos. En el mismo *cogito* agustiniano encontramos el beber referido a lo que también forma parte de la liturgia de la eucaristía, la sangre. Esta vez, la imagen histórica privilegiada es la de una santa, Catalina de Siena, representada en múltiples ocasiones bebiendo la sangre de Jesús directamente de una de las llagas proferidas en la crucifixión. Catalina, junto a otras visionarias, insistieron en su deseo de beber la sangre de Cristo para incorporar el sufrimiento de Dios hecho hombre y así lograr su misma salvación, dada la significación vital que la sangre tiene en casi todas las religiones, sin excepción del cristianismo. Leamos a Koering:

> Si la absorción de sangre aparece como vehículo de la unión mística, es quizás porque esta acción conjuga ejemplarmente lo literal y lo figurado: por una parte, un proceso fisiológico, la nutrición, indispensable para la vida y que ha servido a menudo de metáfora para describir el fenómeno de asimilación espiritual; y de otra parte, una sustancia, la sangre, cargada de una significación simbólica particularmente rica y percibida como fluido vital por excelencia.[28]

La sangre de Cristo, que el mismo san Agustín ya señalaba como redentora y salvadora, incluso más que la carne de su cuerpo, es central para entender el sentido profundo de la eucaristía. Pero en ambos casos, está la metáfora o analogía del comer como la posibilidad más propia de nombrar aquel acontecimiento

---

28 *Ibid.*, p. 141.

que refuerza el lazo de la comunidad cristiana. Tenemos, entonces, al menos tres elementos importantes que encontramos en la cena como relato cero y que se conservan en la práctica ritual de la eucaristía, elementos que, ciertamente, no agotan su complejo sentido, pero que son cruciales para la tesis de la comensalidad como estructura fundamental de la comunidad: por un lado, el acto de comerse al padre, es decir, una cierta forma de ritual totémico que tiene como finalidad la asimilación estricta de ciertas características propiamente políticas del otro. Por otro lado, la importancia de la repartición o distribución del alimento, el modo de evitar la corrupción prematura de la comunidad por la envidia. Por último, la operación que, tanto en la escena de la última cena como en su repetición litúrgica, produce la ingesta del cuerpo y la sangre del padre: una verdadera comunión, una unión sólida, firme y constante entre los miembros de la comunidad y el padre que les da sentido, la genuina institución de una comunidad ya estrictamente política y ella misma soberana.

El canibalismo devocional y la nueva comunidad de la cena

Aunque la eucaristía es ampliamente aceptada en el mundo cristiano como parte fundamental de la liturgia religiosa, su comprensión y su justificación no han estado exentas de polémicas. Estas se han enfatizado desde el advenimiento del protestantismo y de su negativa a entender la imagen y los símbolos de Dios como mediadores efectivos entre la comunidad humana y el padre divino. Esta idea de mediación es más bien propia del catolicismo, y es apuntalada en 1215, en el IV Concilio de Letrán, con la institución de lo que conocemos como «dogma de la transubstanciación». En breves palabras, el dogma señala que es acto de fe fundamental sostener la conversión *efectiva y real* de la sustancia del pan ritual en el cuerpo de Cristo y del vino en su sangre. Cuando decimos «real» o «efectivo» lo oponemos a «figurado», «metafórico», «simbólico» o «virtual». Esta decisión de la Iglesia no solo es interesante, sino probablemente única en su género en Occidente, pues señalar un acto eminentemente simbólico y ritual —como parecemos en general entenderlo— como un proceso *real,* es decir, *literal* de conversión de Cristo en pan y en vino, es evidentemente inaudito y no vale la pena explicar con mayor profundidad por qué. La conversión no está exenta de mística y misterio y, en efecto, fue reafirmada por el Papa Juan Pablo II como *el núcleo del misterio de la Iglesia.*[29] Misterio inexcepcional, pues se produce cada vez que se asiste a una ceremonia religiosa católica: en el momento mismo en que el sacerdote a cargo de conducir la misa toma en sus manos la hostia y el vino, lleva a cabo un acto lingüístico-performativo ciertamente asombroso. Esta posibilidad cuasi mágica está condicionada, sin duda, por la eficacia performativa de la palabra de Cristo mismo, quien en los evangelios es retratado en el Cenáculo de Jerusalén —en la escena de la última cena— habiendo proferido exactamente dichas palabras.[30] Mediante este acto de habla sin precedentes, se produce la presencia real de Cristo en la hostia, y lo que los fieles ingieren, entonces, no es sino a Cristo mismo. Solo así la eficacia de la inscripción en la comunidad es posible y se instituye o recrea la pertenencia del cristiano a la comunidad de la Iglesia católica.

En la reciente encíclica *Ecclesia Eucharistia* de Juan Pablo II, que citábamos, se consigna aún a la eucaristía como centro de la *vida* de la Iglesia católica. Sabemos que, además de su

---

29   Juan Pablo II, Encíclica *Ecclesia Eucharistia,* Ciudad del Vaticano, Librería Editrice Vaticana, 2003, *https://www.vatican.va/holy_father/special_features/encyclicals/documents/hf_jp-ii_enc_20030417_ecclesia_eucharistia_sp.html*
30   Mt 26, 26; Lc 22,19; 1 Cor 11, 23-25.

institución en Letrán, la transubstanciación fue confirmada en el Concilio de Trento de 1545, en el contencioso contexto de la emergencia del protestantismo. Allí se señala que «Por la consagración del pan y del vino se realiza la conversión de toda la sustancia del pan en la sustancia del cuerpo de Cristo Señor nuestro, y de toda la sustancia del vino en la sustancia de su sangre».[31] La reafirmación del dogma obedece, según las fuentes históricas, a la necesidad de hacerle frente al intento de renovación luterano y calvinista, quienes ya hablaban entonces del «canibalismo devocional» de los católicos. Interesante es a este respecto una reflexión de Koering, centrada específicamente en la reacción del calvinismo:

> Los calvinistas han generalmente adoptado dos actitudes para desacreditar el «santo sacramento»: el sentimiento de horror y la burla. Si la hostia consagrada hace realmente presente el cuerpo de Cristo, como lo pretenden los católicos adherentes al dogma de la transubstanciación, entonces su ingestión es una abominable teofagia; si la comunión no es más que un sacrificio simbólico, como defienden los partidarios de la consubstanciación, entonces no es más que una mascarada que contiene el fanatismo de los «comedores de santos».[32]

Decimos que esta reflexión la hacemos específicamente acerca de los calvinistas, pues los luteranos instauraron, frente a la transubstanciación, un dogma diferente aunque solidario: la consubstanciación. Polémica presuntamente iniciada por el teólogo y religioso francés Berengario de Tours *circa* 1047, esta idea sostiene que no hay verdadera sustitución real del cuerpo de Cristo por el pan ritual, sino que en el pan coexisten, a

---

31 Concilio de Trento, Ses. xiii, *Decr. de ss. Eucharistia*, cap. 4: *DS* 1642.
32 J. Koering, *Les iconophages, op. cit.*, p. 180.

la vez, tanto el cuerpo de Cristo como el alimento. Cuestión no demasiado distinta, dado que la transubstanciación, si bien requiere de una suerte de operación de reemplazo, sustitución o *quid pro quo* entre el pan y el cuerpo de Cristo, sostiene también la necesidad de diferenciar entre características sustanciales y accidentales de la hostia: *sustancialmente,* el pan ritual es el cuerpo de Cristo, aunque *accidentalmente* sigue siendo un pan, es decir, conserva las características sensibles —y cambiantes— de un objeto comestible, dado a la incorporación y a la asimilación.

Koering señala que es la segunda estrategia calvinista, la satirización de la eucaristía, la que dio lugar a los más impresionantes ataques anticatólicos. El más popular es probablemente el poema satírico de 1574, *La verdadera leyenda de Jean le Blanc,* compilada por Anatole de Montaiglon en un texto de 1862.[33] Jean le Blanc no es en realidad un personaje, sino el nombre que los poetas protestantes panfletarios del siglo XVI dieron a la hostia, para burlarse de ella. En el poema, se describe la confección de un Cristo que no es sino un «mordisco de masa» al que «hay que adorar», cuales asnos *gourmand:* «El dios que él sabe hacer / la boca lo toma / el corazón lo digiere / el vientre lo trabaja / al fondo se retira», dice el poema. El polémico escrito no tardó en dar lugar a otras expresiones afines, entre las que destaca una tenebrosa imagen de 1794, atribuida al artista británico William Hogarth, llamada *Transubstantiation Satirized:* en ella, Jesús recién nacido es arrojado por la misma Virgen María en un molino de harina, del que luego salen series de hostias que son repartidas de boca en boca por un sacerdote a un grupo de fieles arrodillados.[34]

---

33 A. de Montaiglon, *Recueil de poésies françaises des XVe et XVIe siècles, morales, facétieuses et historiques,* París, P. Jeannet, 1858, vol. VII-VIII.
34 J. Koering, *Les iconophages, op. cit.,* p. 182. La ilustración fue hecha por Samuel Ireland, basándose en el diseño de Hogarth.

Como es sabido, los protestantes —luteranos y calvinistas—
no veían en la comunión nada más que una conmemoración de
la cena. No se trataba de asegurar la presencia «real» de Dios ni
en las iglesias (como a veces se suponía por estar las hostias y
el cáliz guardadas en ellas), ni en los cuerpos —o almas— de
los fieles, sino de recordar, mediante un ritual, el momento en
que Jesús se despide de sus discípulos, ordenándoles comer y
beber todos juntos en comunión, en conmemoración suya. Si
esta idea logró permear en el arte y en la poesía desde 1500 en
adelante, era de esperar que también lo hiciera en la filosofía. A
fines del siglo XVIII, es el mismo Hegel uno de los pensadores
más comprometidos con la renovación del cristianismo. Entre
1792 y 1800, escribió una serie de textos, algunos solo fragmentarios, dedicados al cristianismo, que él entendía ya desde
temprano como la religión propia de los tiempos modernos,
adecuada al desarrollo más alto del espíritu en todos sus niveles:
político, cultural, científico, filosófico, etc. Esto es justamente
lo que significa para él que el cristianismo sea la religión especulativa por antonomasia, y un signo patente de este estatus suyo
es el amor: a diferencia del judaísmo, el cristianismo supone la
necesidad de un sentimiento como lo que asegura el vínculo espiritual con Dios y la comunidad. A diferencia de la ley judaica
que obliga heterónomamente —pues proviene de la alteridad
de Dios—, la ley cristiana debe ser *incorporada,* es decir, *sentida,*
de modo que su obediencia no sea ya un mandato exterior, sino
un acto de amor motivado desde el interior. El amor sustituye
así al derecho y al deber abstracto. Por ejemplo: no eres infiel
a tu mujer porque esté prohibido por una ley formal —hete-
rónoma—, sino porque *la amas;* es decir, por la espontanei-
dad del amor.[35] A diferencia del judaísmo, la ley se interioriza a

35 G.W.F. Hegel, *El Espíritu del Cristianismo y su Destino (1799-1800),* en *Escritos de Juventud,* México, FCE, 1978.

través del amor como móvil, se interpreta subjetivamente y el deseo la asume de forma libre. En una ya clásica obra dedicada a Hegel,[36] Derrida se refiere a esta interiorización en términos de una «*asimilación que digiere* la deuda objetiva y el intercambio abstracto», es decir, se trata de una «devoración del límite» como efecto económico de la *Aufhebung*».[37] Y economía quiere decir aquí regulación del deseo por el deseo mismo, subjetivación del interdicto y ampliación de la libertad.

Es por este modo de entender la función histórica y espiritual del cristianismo y del amor como su nota conceptual esencial que Hegel —desde su protestantismo, sin duda— rechaza la interpretación de la eucaristía bajo el dogma de la transubstanciación. Para corregir tanto esta como otras interpretaciones católicas de los evangelios, Hegel escribió su propia *Historia de Jesús* en 1795, en la cual relata el episodio de la cena en términos diferentes al de las fuentes evangélicas que sustentan el dogma. En dicho relato se hace hincapié en que la cena tiene un sentido de renovación de la alianza de amistad que hay entre Jesús y sus discípulos, y que el pan y el vino compartido fueron señalados por él como alimentos que ayudarán a recordar a su «amigo y maestro», «quien dio su vida por vosotros», y que los ayudarán a tener «fuerzas para consolidarlos en la virtud».[38] En esta historia no está presente la famosa declaración performativa asociada al pan y al vino, «este es mi cuerpo, esta es mi sangre». En otro texto del mismo año, *La positividad de la religión cristiana*, Hegel es enfático cuando señala que la cena no es más que un momento de disfrute entre amigos, y su sentido es simplemente recordar a Jesús como su fiel maestro y amigo: «al comer el pan se acordarán de su cuerpo, que iba a

---

36 Cf. J. Derrida, *Glas, op. cit.*
37 *Ibid.*, p. 44.
38 G.W.F. Hegel, *El joven Hegel. Ensayos y esbozos, op. cit.*, p. 145.

ser sacrificado por la verdad, y al beber el vino de su sangre, que iba a ser derramada».[39] Pan y vino son así alimentos cotidianos que sentidamente serán tomados solo por símbolos asociados con la imagen de Jesús en la memoria. Entonces Hegel toca el punto crítico: quizás el pan y el vino han parecido tan corrientes y banales que se ha preferido su uso metafórico, como carne y sangre —como dice Jesús en el evangelio de san Juan: «yo soy el pan de la vida» (6, 47)—, para luego afirmar que «Pronto, entre los cristianos convertidos en secta, este ruego tan humano de un amigo que se despide de sus amigos se convirtió en un mandamiento del mismo rango que las órdenes de la divinidad [...]. Pronto se atribuyó a esos banquetes en honor de Cristo un efecto independiente de la fuerza que le da al cuerpo cualquier comida sana, de la que ejerce una conversación espontánea en el estado de ánimo».[40] Para Hegel, como vemos, comer juntos, incluso en la última cena, no es sino lo que *cotidianamente* es comer juntos, a saber: sentarse a la misma mesa, compartir el alimento, dialogar amenamente, disfrutar y, mediante todo esto, recordar también al amigo. Haber transformado la cena en sacramento y, con ello, haberla cargado con un peso normativo excesivo, es un problema para el cristianismo. De igual manera lo es haber hecho de un momento solo simbólico de conmemoración un problemático dogma metafísico.

Entre 1798 y 1800, Hegel escribe en Frankfurt una serie de textos fragmentarios que han sido compilados bajo el título *El espíritu del cristianismo y su destino* o, simplemente, *Jesús y su destino*. Aquí encontramos la exposición quizás más clara y explícita de su propia interpretación de la cena:

39 *Ibid.*, p. 187.
40 *Ibid.*, pp. 187-188.

Comer y beber realiza la unión misma y, lejos de ser un signo convencional, es de por sí el sentimiento de la comunión; beber juntos un vaso de vino irá contra la sensibilidad natural de gente que son enemigos, pues su disposición habitual sería incompatible con la comunidad que implica esa acción. La cena que comparten Jesús y sus amigos es ya de por sí un acto de amistad; y todavía los une más la comida solemne del mismo pan y la bebida del mismo cáliz; también esto es no solo un signo de amistad, sino un acto, el sentimiento mismo de la amistad, del espíritu del amor.

Pero lo que sigue, la declaración de Jesús: este es mi cuerpo, esta es mi sangre, aunque casi convierte la acción en religiosa, no basta; la declaración y la acción correspondiente de repartir la comida y la bebida objetiva en parte los sentimientos; la comunidad con Jesús, la amistad mutua y la unión de todos en su centro, su maestro, no solo es sentida, sino que se ha hecho visible, toda vez que Jesús llama al pan y vino que va a repartir entre todos su propio cuerpo y sangre entregado por ellos; esa comunión no solo se representa en una imagen, en una figura alegórica, sino que se enlaza con algo real, algo real se da y se consume, el pan.[41]

El análisis detallado de este párrafo nos da nuevas luces, ya del todo filosóficas, para entender la fundación de la comunidad cristiana en la comensalidad de la cena. Hegel es enfático, cuando dice más de una vez —y en más de un texto—, que la cena, el comer juntos de Jesús con sus discípulos, no es aún un acto religioso, pues se trata solo de un acto de amor: «amor no es aún religión, de modo que este banquete no es propiamente una acción religiosa».[42] El amor, sin embargo, es ya comunión, es decir, condición de comunidad entre quienes lo sienten. Y, como

41 *Ibid.*, p. 420.
42 *Ibid.*, p. 419.

dice Hegel, comer y beber juntos es ya comunión, es decir, también un acto de amor —y por eso es contraintuitivo beber vino con un enemigo—. La comunidad, no solo religiosa sino en su sentido eminentemente político, es para Hegel un producto del amor, y del amor que se expresa en una mesa compartida. Lo complejo de este momento de la vida de Jesús está dado ciertamente por la estructura simbólica del pan y el vino, que permite sustituir lo infinito de la unión amorosa mediante una suerte de signo-cosa finita (el pan, el vino), a partir de la declaración «este es mi cuerpo, esta es mi sangre». Esta operación que Hegel llama «mística»[43] no puede tener una explicación discursiva en sentido clásico, es decir, no puede ser entendida a partir de la relación entre un signo y su significado: esta relación es, ya para el pensamiento hegeliano, solo convencional, arbitraria, mientras que el comer y beber juntos *realiza* la unión misma, es de por sí ya sentimiento de comunión. Como dice Derrida, «Ningún análisis, siguiendo las vías de una comparación o de una analogía»,[44] puede dar cuenta de esta relación entre el pan, el vino, el cuerpo, la sangre de cristo y la unión amorosa de los discípulos —hijos de dios, hermanos entre sí— a la que ellos dan lugar.

Es necesario, para aprehenderla, seguir la estructura misma de la dialéctica hegeliana: el amor es, en un primer momento, un sentimiento sin representación, es decir, un sentimiento que no está unido a un concepto —y por ello, la cena, el comer juntos, no es todavía religión en sentido estricto, pues en ella ya existe una imagen de lo infinito que se adora—. Cuando Jesús toma el pan y le añade la declaración «este es mi cuerpo», se genera un ligamento entre el significado y el significante y aparece un objeto nuevo que excede la interioridad del sentimiento. Esta declaración y la repartición del pan «expulsan el sentimiento fuera de

43   J. Derrida, *Glas, op. cit.*, p. 79.
44   *Ibid.*

sí y lo vuelven en parte objetivo».[45] Después del reparto, cuando los discípulos ya tienen un pan concreto entre sus manos, el sentimiento se vuelve objetivo, aun cuando el pan y el vino no son meros objetos. Y no lo son, porque adosada a su coseidad hay algo más: un *plus (Mehr)*, dice Hegel. Dicho excedente es justamente eso que le agrega la operación mística, eso que no se puede ver en el pan pero que está en el pan, y que no es sino su posibilidad de simbolizar la unión de los discípulos. En efecto, señala Hegel, comer el *mismo* pan y beber de la *misma* copa es ya análogo a la relación de comunidad. Sin embargo, que el pan sea uno y la copa compartida no es equivalente, según una comparación por igualdad, a los fieles unidos, a la comunidad entendida «a base de pensar la igualdad de los distintos»,[46] pues la heterogeneidad de los términos se mantiene, aunque anudada de una cierta manera. Lo que liga realmente no es una relación de comparación, sino una suerte de goce espiritual, el amor mismo, que es inducido en los discípulos y que penetra en su ser al comer y beber. Una vez ingeridos el pan y el vino, el sentimiento que se había objetivado vuelve, por decirlo así, a su estatuto natural: se interioriza y se vuelve nuevamente subjetivo, pues el pan material que lo objetivaba ha sido destruido, aniquilado por el consumo. De este modo, el sentimiento llega genuinamente a espiritualizarse y a volverse infinito, es decir, libre. Así, entonces, la identificación de los discípulos con Jesús y de este con su padre «es subjetiva en un primer momento, luego objetiva, para devenir subjetiva por la ingestión. La consumación interioriza, idealiza y releva».[47]

Hemos llegado a una interpretación de la cena cristiana, como momento de comensalidad fundacional, estrictamente

45 *Ibid.*, p. 78.
46 G.W.F. Hegel, *El joven Hegel. Ensayos y esbozos, op. cit.*, p. 421.
47 J. Derrida, *Glas, op. cit.*, p. 81.

filosófica, pues gracias a estos análisis de Hegel entendemos ya cómo un alimento puede pensarse como condición de posibilidad de la unión, la comunión y, finalmente, la comunidad. Es interesante notar, sin embargo, que en el momento más álgido del análisis hegeliano, el alimento debe ser *destruido:* pues solo aniquilando la materia, lo inanimado, la acción de comer puede espiritualizar genuinamente el sentimiento de amor que produce la comunidad. Es decir, no es tanto el comer juntos como tal sino lo que el comer juntos *simboliza,* y *no arbitrariamente* —como en la relación significante-significado—, sino por una semejanza, por una analogía que es, en su misma estructura, incorporativa.[48] La analogía entre *comer* y *amar* solo es posible porque tanto comer como amar suponen la incorporación de lo otro, su consumo, ya material, ya ideal. Nuevamente, volvemos a la tesis sobre el canibalismo simbólico en la que «te amo tanto que te comería» no aparece ya como una mera metáfora idiomática. Aun cuando Hegel, en su calidad de protestante, rechaza el «canibalismo devocional» católico, no puede sino terminar aceptándolo de cierta manera: es mediante la mística unión que produce comer del mismo pan y beber del mismo vino que el amor genuinamente se realiza y hace posible una comunidad no ya unida por la fría y abstracta obediencia a una ley exterior.

Comunidades incorporadas

Hasta aquí, hemos estudiado lo que bien podría ser una tesis filosófica sobre la comensalidad como lógica estructural de la comunidad. Recorrimos una trama de complejas configuraciones y encadenamientos que nos llevaron desde la tesis totémica

---

48 Al respecto, véase nuestro trabajo «Génesis de la noción de trabajo de duelo en Glas de Jacques Derrida», *Anales del Seminario de Historia de la filosofía* 40 (1), 2023.

sobre la necesidad de comerse al padre como modo de mantener unida a la comunidad hasta la operación mística que sustituye el cuerpo de Dios por pan y vino en cada liturgia cristiana, para así renovar la fraternidad que da sentido a la fe. Como se trata de una apuesta filosófica, y no solo histórica o antropológica, presentamos esta lógica comensal como esencialmente repetible, iterable: en cada caso, ya sea para distintas formas culturales o para diferentes momentos del tiempo de una misma cultura, la comensalidad adquiere nuevos colores, sabores y olores, manteniendo, sin embargo, una estructura que permite entender y explicar el sentido de las organizaciones comunitarias de un modo nuevo. Nuevo, pues no se trataría ya de pensar la comunidad mediante comparaciones que buscan lo similar en la diferencia, para así llegar a establecer lo común a muchos; una lógica así acaso nos llevaría al clásico problema de la *generalización,* es decir, de la *clasificación,* y a la consiguiente subsunción de lo singular en lo general de una clase o categoría. Hablamos del problema que produce el pensamiento de lo común como pensamiento genérico, sostenido por las categorías lógicas de género y especie. La lógica de la comensalidad, por el contrario, no pretende reducir diferencias para hallar lo común, sino que mantiene dichas diferencias unidas a partir de un vínculo que se origina en el acto de comer, y de comer con otros —y a otros—. Al igual que las consecuencias que el principio de incorporación traía para la identidad, es momento de pensar las que tiene para una filosofía de lo común.

La idea de compartir una sustancia, de tener parte en una sustancia común, está en la base de estas meditaciones. Pues no se trata ya de *ser* una misma sustancia, sino de *adquirirla* mediante la ingesta alimentaria. Comer el mismo pan, el mismo animal totémico, el mismo padre, permite pensar una unión que, si bien es necesaria para instituir lo común, está siempre, como posibilidad, contingentemente dada. Pues aunque comer es una práctica necesaria para la supervivencia y, por tanto, está biológicamente condicionada, el cómo ocurra cada vez el acto alimentario está rodeado de más azares y eventualidades de las que quisiéramos. En nuestra tesis, no se nace teniendo parte de la misma sustancia con otros, sino que dicha participación se crea y se recrea *cada vez*. Léase, cada vez *de forma distinta*. El intervalo temporal que separa cada vez de la anterior y de la que le sigue introduce ya una diferencia irreductible que impide la total ontologización del ser en común, es decir, su fijación como estructura invariable de nuestro ser. A esto hay que sumarle que, por más que la comensalidad sea una lógica, una estructura arquitectónica del ser en común y, por tanto, cercana a lo que los filósofos llamamos *principio trascendental*, cada alimento, cada pan, cada copa de vino no es sino una cosa entre otras, un *ente* en el sentido más vulgar, un elemento óntico y no ya ontológico, para utilizar nomenclatura heideggeriana. Suponiendo que fuera correcto decir que comer-con-otros puede ser un *existencial,* es decir, una estructura condicionante de sentido dada fácticamente, que no puede reducirse a su vez a una estructura anterior —cuestión que discutimos al comienzo de este apartado—, habría que ponerla siempre en relación con *lo que* se come, con el alimento concreto, con la cosa comestible. Pero dicha relación no es simplemente jerárquica, a saber: el ser cosa del alimento no depende únicamente, en su sentido, del comer-juntos como estructura ontológica fundamental. La cosa comestible —óntica—, en su materialidad y contingencia, muchas veces *reemplaza* a la relación de comensalidad misma —ontológica—, toda vez que no solamente se come *con* el otro, sino también *al* otro. En todos los casos que hemos estudiado, comer-con-otro es al mismo tiempo comerse-al-otro. ¿Cuál tiene preeminencia? No podríamos decidirlo. Así, no solo la trascendentalidad de la comensalidad es sustituible por otras estructuras posibles —pues es, en realidad, un cuasitrascendental,

3. Comensalidad y comunidad

como diría Derrida—, sino que también es reemplazable por lo comestible mismo, pues no puede explicarse hasta el límite sin sustituirla por metáforas caníbales. La diferencia ontológica heideggeriana no opera aquí tan fácilmente.

De ahí, probablemente, que Heidegger nunca considere seriamente entre sus «cosas», entre los entes cuyo modo de existencia es el del *Vorhandenheit* o el del *Zeug*, al alimento. La cosa es para Heidegger siempre un útil a la mano, mas no algo comestible. Por supuesto, se podría decir que el alimento es un instrumento: de supervivencia, de placer, de convivialidad, etc., como hacen los antropólogos funcionalistas. Sin embargo, para quienes damos una importancia vital a comer, esta respuesta no nos convence. El alimento es más que un instrumento, no puede simplemente clasificarse como tal. La diferencia ontológica no opera en este campo simplemente porque comer es un acto mucho más material que lo que los teóricos quisieran. Así lo vimos con Lévi-Strauss, incluso con Brillat-Savarin, antifuncionalistas y grandes reivindicadores del comer como tema de las ciencias humanas. El *cada vez* —el tiempo— del comer unido a la *materialidad* —contingencia— del alimento generan un efecto genuinamente incalculable sobre el comensal, cuestión que también afecta a la comunidad que come junta. Quizás deba pensarse que la relación con el alimento es, más bien, una relación sentimental, de gozo, de satisfacción, de amor, también de angustia, incluso de odio a veces, que no puede reducirse a la pragmática de la instrumentalidad. Como lo pensaba el filósofo lituano-francés Emmanuel Lévinas, *vivimos-de* nuestros alimentos, no solo los *usamos; dependemos emocionalmente* de ellos de formas complejas y no reductibles a ningún control, a ninguna explicación funcional ni formal.[49]

---

49 E. Lévinas, *Totalidad e infinito, ensayos sobre la exterioridad*, Salamanca, Sígueme, 2002, pp. 128 y ss. También puede consultarse nuestro artículo «Alimentación

201

Este es el punto fundamental: amamos —u odiamos— nuestros alimentos, tanto como amamos —u odiamos— a los otros con los que nos relacionamos. O más bien, amamos u odiamos tanto a nuestros seres queridos, a nuestros compañeros de comunidad, que nos los comeríamos.

Estas consideraciones desarman toda metafísica de la comunidad, es decir, todo intento de hacerla un todo estable, homogéneo, completamente inteligible, completamente controlable. Y aunque no lo hemos mostrado expresamente, podemos ya intuirlo a partir de las tramas argumentativas que hemos establecido hasta ahora. Falta, sin embargo, intentar poner en obra algunas de estas conclusiones más finas. Esto nos obliga a actualizar dicha matriz explicativa que es la comensalidad para las formas de comunidad más actuales, pues es en ellas que se pueden observar más claramente dichas consecuencias. Si ni el totemismo ni el cristianismo parecen ser hoy formas completamente vigentes de organizar la comunidad política, ¿cómo nos organizamos comunitariamente hoy? Quizás la respuesta más certera es que nuestra comunidad por antonomasia es hoy el Estado nación. Hablamos, ciertamente, de un régimen político-administrativo de organización social, cuya emergencia datamos del fin de la gran guerra europea, cuando se firma la paz de Westfalia en 1648. Los Estados nación pretenden ser efectivas unidades geopolíticas administrativas, que reemplazan a los enormes y poco eficientes Estados imperiales.

Sin embargo, no quizás en la noción de Estado, pero sí en la idea de la nación, se conservan rasgos de eso que llamábamos —un poco suelta y apresuradamente—metafísica de la *comunidad,* que son, sin duda, preocupantes. El nacionalismo es su efecto más extremo y visible, el que todos logramos entender

---

ontológica e incorporación ética en Lévinas», *Daimon. Revista Internacional de Filosofía* 83, 2021, pp. 139-152.

en su complejidad y problemática. El problema de fondo es, quizás, que tendemos a extrapolar a la nación las características más románticas y sentimentales que encontramos en las formas comunitarias arcaicas y antiguas. En la medida en que tenemos muy arraigada la idea religiosa —tanto totémica como cristiana— de que la protocomunidad es una comunidad fraternal, familiar, un clan, vinculada por el amor, podríamos decir que tendemos a confundirnos y a darle un valor a la nación que no le pertenece necesariamente. Sin duda, lo sabemos, el concepto de «nación» está cargado de componentes étnicos que permitirían o facilitarían dicha extrapolación, pero ellos conforman una mínima parte de lo que efectivamente es una nación. Pues lo común cultural es justamente demasiado contingente y cambiante como para generar dichos sentimientos de pertenencia tan profundos. Sin pretender en absoluto hacer una teoría de la nación o del nacionalismo, cuestión acaso ya muy estudiada, recurramos a un afamado texto del politólogo Benedict Anderson, publicado en 1983, cuyo título es *Comunidades imaginadas. Reflexiones sobre el origen y la difusión del nacionalismo*. Desde un punto de vista eminentemente crítico, Anderson aventura una idea de nación que es del todo productiva:

> Así pues, con un espíritu antropológico propongo la definición siguiente de la nación: una comunidad política imaginada como inherentemente limitada y soberana. Es *imaginada* porque incluso los miembros de la nación más pequeña no conocerán nunca a la mayoría de sus compatriotas. No los verán, ni oirán siquiera hablar de ellos, pero en la mente de cada uno vive la imagen de su comunión […]. Con cierta ferocidad, Gellner hace una observación semejante cuando sostiene que el «nacionalismo no es el despertar de las naciones a la autoconciencia: inventa naciones donde no existen». Sin embargo, lo malo de esta formulación es que Gellner está tan ansioso por demostrar que el nacionalismo

se disfraza con falsas pretensiones que equiparan la «invención» a la «fabricación» y la «falsedad», antes que a la «imaginación» y la «creación». En esta forma, da a entender que existen comunidades «verdaderas» que pueden yuxtaponerse con ventaja a las naciones. De hecho, todas las comunidades mayores que las aldeas primordiales de contacto directo (y quizá incluso estas) son imaginadas. Las comunidades no deben distinguirse por su falsedad o legitimidad, sino por el estilo con el que son imaginadas.[50]

Desmenucemos este sabroso fragmento. Es muy claro que Anderson piensa que, en el centro de la institución y manutención de la comunidad, y no solo de la nación, tiene un rol importantísimo la imaginación. Imaginación que él entiende como capacidad de crear algo nuevo. Sin embargo, es muy claro, frente a otro gran teórico como Ernest Gellner, cuando enfatiza que imaginar no supone la falsedad de lo imaginado versus lo que sería un original verdadero. La nación *no* es creada en el sentido de que es una comunidad ficticia en contraposición a una real, a la que habría que aspirar. La verdad es que no hay comunidades «reales» en ese sentido, sino que la realidad de toda una comunidad es siempre su modo de ser imaginada. Esta tesis se parece mucho a la que queremos sostener aquí, toda vez que «imaginar» es en gran medida también incorporar, es decir, un acto, un procedimiento en relación con el mundo, con lo otro, donde se le da sentido a partir de su aprehensión o interiorización virtualizante; pero dicha aprehensión no está totalmente regulada para que sea siempre de la misma y necesaria manera, pues los elementos contingentes que no son reductibles en dicha operación generan distorsiones, diferencias, desajustes, etc. La materialidad de la imagen es análoga a la del alimento, y ella

---

50 B. Anderson, *Comunidades imaginadas. Reflexiones sobre el origen y la difusión del nacionalismo*, México, FCE, 1993, p. 23.

no puede simplemente tornarse un invariante formal universal. Por supuesto que, tanto imaginar como incorporar, lo hemos visto, producen objetividad, publicidad o puesta en común —incluso *realidad*, como en la cena cristiana—, y no generan solamente realidades «subjetivas», en el sentido de únicamente relativas a individuos concretos. Ni incorporar ni imaginar son procesos que no puedan formalizarse en absoluto, y que caigan del lado de una afectividad pura e informe, ininteligible. Las ficciones generan inteligibilidad pública, y así lo demuestra la misma idea que tenemos de nuestra comunidad nacional, tal como lo describe Anderson.

En este sentido, el problema no es realmente la nación, sino el nacionalismo. Es decir, el fenómeno por el cual negamos que la comunidad sea imaginada y, con ello, frágil en su modo de ser unidad de lo múltiple. Pues, en efecto, no tenemos originariamente nada en común con la mayoría —o con la totalidad— de nuestros connacionales, pero el deseo de pertenencia comunitaria nos permite poner en funcionamiento un efectivo suplemento imaginario para lograrlo. Llevándolo más concretamente a nuestra tesis de la comensalidad, sería difícil negar el estatuto de relatos que tienen tanto los mitos totémicos, el de la horda primordial darwiniana-freudiana, como la historia de Jesús. Hemos hablado frecuentemente de la cena cristiana como una *escena*, es decir, como una *performance* que se realiza una y otra vez, al modo de la dramaturgia. Esto, siguiendo a Anderson y en convicción propia, no le resta valor alguno, pues esta *performance* logra establecer *realmente* la unidad de lo común, por vía analógica o simbólica.

En cualquier caso, el hecho de que las comunidades sean imaginarias tiene la seria consecuencia de que, al igual que todo objeto imaginario, sus límites, sus contornos, son mucho más difusos que los que se esperan de un concepto o de una forma lógica. Cuando imaginamos, es decir, cuando creamos imágenes, nuestro intercambio con lo concreto del mundo es mucho mayor que cuando formalizamos algún objeto de nuestra experiencia mediante las leyes lógicas del pensar. Pues imaginar es realmente un procedimiento, no inexacto, sino más bien *anexacto,* como diría Husserl: no se le puede siquiera exigir ni la precisión ni la exactitud propia de las cuestiones «científicas». Para la fenomenología, la imaginación es necesaria epistémicamente para que podamos hacer variar los fenómenos que queremos estudiar y definir con exactitud, es decir, para que podamos repetirlos mentalmente en diversos contextos y tiempos, de modo que encontremos ahí algo invariante. El problema de este método de conocimiento es que es muy difícil determinar cuándo las variaciones imaginarias han sido suficientes: siempre puede haber un caso más, una instancia más de eso que hacemos variar que nos podría ser útil para cerrar con exactitud una definición conceptual. Siempre podríamos imaginar al nacional chileno, o al español, desde una nueva perspectiva, que nos haría cuestionarnos sobre el concepto de identidad construido hasta ese momento. En Chile, donde el territorio geográfico delimitado por el Estado nación es especialmente diverso, cuesta mucho imaginar qué es lo que hay en común entre alguien que vive en el desierto más árido del mundo y el que vive en el extremo más austral. Hacemos variar la «esencia» del chileno, lo imaginamos con mucho calor, con mucho frío, en las montañas, en la costa, en el valle, etc. Siempre podemos encontrar una instancia más en la imaginación que abra, y no deje cerrar, la esencia de nuestro ser nacional.

En efecto, dicha imaginación que da forma a la nación y a ciertos nacionalismos, y que es también una forma de incorporación, se da frecuentemente a través de la comida. Quizás, incluso, mucho más frecuentemente de lo que pensamos. La noción de comida «típica», o de comida con «identidad cultural» es aquí determinante. Volvamos una vez más a Claude Fischler:

La incorporación es igualmente fundadora de la identidad colectiva y, al mismo tiempo, de la alteridad. La alimentación y la cocina son un elemento capital del sentimiento colectivo de pertenencia. En ciertas situaciones de migración o de minorías culturales, se ha podido observar que algunos rasgos culinarios persisten aun cuando la lengua de origen se haya olvidado. La aplicación de las reglas alimentarias de la *Kashrut* es sin duda, a lo largo de los milenios, un cimiento del judaísmo y una protección contra la aculturación o, incluso, los contactos exteriores. Los hombres marcan su pertenencia a una cultura o a un grupo cualquiera por la afirmación de su especificidad alimentaria o, lo que es lo mismo, por la definición de la alteridad, de la diferencia frente a los otros.[51]

Más determinante para la pertenencia que la misma lengua es la comida —afirma Fischler—. Es interesante cómo las comidas más frecuentes de una comunidad, y la cocina que las condiciona, son fundamentales no solo en la creación o imaginación de lo común, sino también en la determinación de la alteridad, es decir, de lo ajeno, de la diferencia en sentido fuerte. La comida se vuelve así, en este razonamiento, la posibilidad misma de trazar una frontera entre lo interior y lo exterior de una cultura, del mismo modo que comer es en sí mismo un acto fronterizo respecto del cuerpo individual. Entendemos, a partir de aquí, que nuestras comidas típicas no solo deberían permitirnos, como decía Lévi-Strauss, *traducir* nuestros modos de ser más profundos, sino sobre todo *delimitar* lo que consideramos propio respecto de lo que vemos como ajeno. Sin embargo, no se trata de un límite impermeable. Si comer tiene una función jurídico-política de establecimiento de fronteras, se trata entonces de las fronteras más abiertas y menos limitantes. Pues, como

51 C. Fischler, *El (h)omnívoro, op. cit.,* p. 68.

pensar/comer

hemos ya reflexionado antes, ¿qué acto tiene más potencia para
desarmar la distinción interior/exterior que el comer mismo?
En efecto, comer, más que establecer un límite, es en realidad
la transgresión de uno: se transgrede, por esa puerta que es la
boca, el límite entre el exterior y el interior de nuestro cuerpo, tres veces al día, todos los días de nuestras vidas. Si esto
es así, vemos cómo, nuevamente, *el principio de incorporación
pone en peligro aquello mismo que posibilita:* la determinación y
la clausura de un espacio pensado como «interior». Lo cierto es
que, gracias a la boca, y a las múltiples bocas que son todos los
poros de nuestras piel, el cuerpo nunca se mantiene «interior»
y aislado del afuera en el que existe; no hay nada más desprote-
gido del exterior que mi propia interioridad corporal, a pesar de
que nuestra anatomía individuada nos haga intuir lo contrario.
¿Sucede esto también con nuestras comunidades, especialmente
con nuestras comunidades nacionales? Volvamos una vez más a
Fischler:

> Así, no se trata solamente de que el comiente incorpora las pro-
> piedades de la comida; simétricamente, puede decirse que la
> absorción de una comida incorpora al comiente en un sistema
> culinario y, por tanto, en el grupo que lo practica, a menos que
> se lo excluya irremediablemente. Pero hay más. A un sistema
> culinario se vincula o corresponde una visión del mundo, una
> cosmología. El hombre come, por así decir, como hemos visto,
> en el interior de una cultura, y esta cultura ordena el mundo de
> una manera que le es propia.[52]

Fischler nos pone así en el centro de la reflexión sobre las migraciones y sus cocinas, sobre el traspaso y delimitación de fronteras que se genera a partir de la alimentación. Si bien, como

52 *Ibid.*

decíamos, la imaginación no es ni arbitraria ni totalmente relativa, sino solo anexacta, su capacidad de establecer una frontera tajante entre lo nuestro y lo ajeno es ciertamente tan frágil como la incorporación de alimentos. Es cierto que comemos en el interior de una cultura, y que dicho sistema alimentario nos determina, pero también es cierto que cada individuo que llega desde otro territorio al nuestro desestabiliza y hace variar dicho sistema. Sobre todo cuando las migraciones se dan en grandes números desde determinadas naciones y culturas. Pero también en sentido contrario, con cada traspaso de nuestra frontera nacional, el que llega modifica su propio modo de alimentarse, es «comido» por el sistema mismo, canibalizado —odiado y amado a la vez— por él. Incorporado, en suma, con todas las transformaciones que ello implica. De esta manera, cada vez que alguien migra, se desencadena una serie de mutaciones, tanto en el cuerpo cultural o nacional que lo recibe como en su propio cuerpo, en cuanto incorpora también al anfitrión. En efecto, quizás no haya nada, ningún fenómeno en el mundo, que se haya enriquecido tanto con las sucesivas migraciones de la humanidad como las cocinas nacionales. Valga el no menor ejemplo de la colonización para mostrarlo, pues, ¿qué sería Europa sin las sales y especias de Asia, sin el maíz o el tomate de América? Probablemente, eso que llamamos cocina italiana, cocina española —léase, de las más «identitarias» del mundo— no tendrían la relevancia mundial que les atribuimos. A la inversa, ¿qué sería de la cocina mexicana —otro alto ejemplo de identidad culinaria— solo con el cacao, el maíz y el chile?

A continuación, analizaremos desde esta perspectiva nacional y migratoria el caso de una cocina nacional específica: la cocina peruana. Virreinato de altísimo intercambio cultural en tiempos coloniales, en Perú se hallan preparaciones que mezclan lo americano con lo español, lo chino, lo japonés, lo italiano, entre otras culturas, de maneras muy notorias y, cómo no, sabrosas. Con este análisis queremos preguntarnos, ¿es posible realmente hablar de cocinas nacionales? ¿Cuáles son las consecuencias políticas de hacerlo? Pondremos así a prueba la capacidad efectiva del principio de incorporación de violar su propia naturaleza desestabilizadora de fronteras.

Gastro-nacionalismos

Por décadas, peruanos y chilenos hemos disputado —con resultados bastante estériles— ciertos productos alimentarios que, cada uno con sus razones, cree *propios* —y *exclusivos*—. El pisco y el ceviche son probablemente los ejemplos más claros. ¿El pisco es chileno o peruano? ¿Dónde se prepara el ceviche más auténtico? ¿En Chile o en Perú? Disputas infructuosas, porque probablemente ambas preparaciones fueron desarrolladas mucho antes de la instauración de las fronteras geopolíticas de los Estados nacionales en cuestión. ¿Qué es, entonces, lo que provoca esta situación polémica? Estamos de acuerdo con Fischler en que la comida, como el idioma, e incluso a veces más, tiene la potencia de hacernos imaginar identidad. Pero lo cierto es que, si realmente alguna identidad se expresa en un buen *pisco sour* o en un suculento ceviche, esta sea más ecosistémica que cultural. Tanto el pisco, destilado de uva, como el ceviche, plato preparado a base a pescado crudo, solo son posibles en territorios con gran cantidad de costa y mar frío, que permite la proliferación de ciertas especies hidrobiológicas idóneas, así como también en biomas que permiten el crecimiento de la uva como fruto endémico. Perú, Chile, hasta Ecuador, cumplen con estas características. Y probablemente muchos otros territorios con alimentos afines, como Italia y su *grappa*, o Japón y su *sashimi*.

Sin embargo, la disputa existe y persiste a pesar de los cambios de mentalidad. El problema no es tanto que estas disputas

3. Comensalidad y comunidad

se den cotidianamente, en tono a veces contencioso y a veces lúdico, sino que puedan dar pie a ciertos discursos que exaltan el nacionalismo, determinando la diferencia como enemistad política. Un caso paradigmático de este potencial peligro podemos encontrarlo en el discurso que sostuvo por algún tiempo el afamado y reconocido cocinero peruano Gastón Acurio.

Acurio, alta figura pública en Perú, es conocido mundialmente por su *gastro-imperio:* más de 50 restaurantes repartidos por todo el mundo, con diversas temáticas y propuestas gastronómicas, aunque todas centradas fuertemente en la «identidad» de la cocina peruana. Sin duda, el trabajo de Acurio ha sido de vital importancia para posicionar a la cocina peruana en el mundo, pero también para promover en general la gastronomía latinoamericana. Si no fuese por su acucioso trabajo de emprendimiento, es muy probable que los neoyorquinos aún no sabrían lo que es un ceviche. Es además conocido por ser uno de los impulsores latinos de un movimiento de gran expansión y beneficioso impacto en todo el mundo de la cocina, a saber, lo que hoy se llama «gastronomía social».

De gran influencia política y poder económico, Acurio pertenece a una familia de diplomáticos peruanos, de larga tradición y alcurnia. Decidió, sin embargo, dedicarse a la cocina virando por completo su «destino» político. Pero, a pesar de la gran lucha que dio por su vocación en contra del rechazo de su familia —tuvo incluso que estudiar cocina a escondidas de su padre, cambiando secretamente la escuela diplomática por *Le cordon bleu*—, no pudo librarse por completo de su rol público: fue uno de los chefs televisivos pioneros en Perú y su programa, *Aventura culinaria,* llegó a tornarse obligado espectáculo cotidiano para las familias peruanas. Pero, además, fue la cara visible y gestora de uno de los eventos más espectaculares de la gastronomía de todos los tiempos y lugares: Mistura, una feria gastronómica que cada año durante casi una década lograba convocar a más de cinco millones de personas. Mistura fue, probablemente, lo más espectacular que logró instaurar Acurio en Perú, pero quizás no lo más importante: puede quedarse pequeña al lado de las diversas iniciativas sociales a las que también apoyó desde su rol de cocinero político, como la escuela Pachacutec, que recibe aún cada año a miles de jóvenes de escasos recursos de Lima para formarlos gratuitamente en profesiones ligadas al rubro de la hostelería.

No sería poco decir que Gastón —como lo llama cariñosamente el pueblo peruano— llegó a ser una de las personas más influyentes de Perú; pudo incluso aspirar a ser presidente de la nación, cuestión que muchas veces le plantearon y que él supo rechazar con calma y humildad. Con su gran capacidad discursiva, lo más destacable de Acurio es que logró llegar tanto al corazón como a las mentes de sus compatriotas, siempre centrando su retórica en la cocina peruana. Logró algo quizás impensado para un cocinero hasta entonces: que el grueso de la población, no necesariamente ilustrada, reprodujera sus discursos con la misma convicción que él llegó a articular. Entre el año 2010 y 2014, pudimos seguir sus pasos y hacerle una serie de entrevistas tanto a él como a personas de sus múltiples equipos de trabajo. En ellas, se repetían interesantes afirmaciones. Entre las que encantaban a peruanos y extranjeros, estaban aquellas que hablaban de un futuro mejor, más próspero para Perú, que llegaría de la mano del desarrollo profesional de su gastronomía. Rodeado de una verdadera aura mesiánica, llegó a decir que el solo desarrollo de la cocina sacaría a Perú de la pobreza y lo posicionaría dentro de los países del primer mundo, no únicamente en términos económicos, sino también políticos. Nunca vista desde entonces ha sido su capacidad de atraer y reunir a los mejores chefs del mundo y de maravillarnos con la que él llamaba literalmente la «revolución» de la cocina peruana: «Estamos viviendo una revolución, pero esta vez no será con tanques ni con aviones, sino con cacerolas», dijo en probablemente más de una ocasión.[53] Importantes figuras de la restauración mundial comenzaron a inspirarse directamente en su discurso y a proclamar a veces exageradas capacidades de transformación social de sus altas cocinas —muy poco populares, altamente exclusivas.

Sus referencias al orgullo nacional, a la importancia de los emblemas peruanos —la bandera, por ejemplo—, a la grandeza de quienes son herederos del imperio Inca y del Virreinato de la corona española, nunca estaban ausentes de sus declaraciones. Quienes trabajaban a su lado o bajo el alero de sus proyectos hablaban incluso de un «batallón» de cocineros peruanos que estaba en formación y que saldría más temprano que tarde a «colonizar» el mundo entero, gracias a la potencia de la gastronomía peruana.[54] La exaltación de la identidad nacional peruana fue incluso inspiradora para algunos cocineros chilenos, que por el año 2013, y liderados por un personaje análogo de Acurio, el empresario gastronómico Marcelo Cicali, manifestaban públicamente su intención de enaltecer la cocina chilena.[55] E incluso lo hacían a costa de rechazar preparaciones foráneas: comer *sushi* —algo bastante común en el Chile actual— era considerado altísima traición, y hasta se llegó a cuestionar el «daño» que las empleadas domésticas peruanas —otro efecto de la migración— hacían a los niños chilenos al reemplazar en el almuerzo familiar la cazuela por ají de gallina.

Hacemos una pausa aquí para contextualizar y ser justos: en efecto, las cocinas latinas sufrieron desde mediados del siglo XIX una suerte de europeización, incluso de afrancesamiento,[56]

53 Documental *Revolución con cacerolas*, Santiago de Chile, Cocine-Canal 13C.
54 *Ibid.*
55 Dichos cocineros se articularon en el grupo Pebre, corporación por las cocinas de Chile, cuyo manifiesto fundacional puede leerse en *http://www.pebrechile.cl/*
56 Cf. H. Eyzaguirre Lyon, *Sabor y saber de la cocina chilena*, Santiago de Chile, Andrés Bello, 1987, p. 78; E. Pereira Salas, *Apuntes para la historia de la cocina chilena*, Santiago de Chile, Editorial Universitaria, 1977, p. 95.

que tuvo como efecto que renegaran vergonzosamente de las tradiciones locales; los restaurantes, donde las personas gastaban sus ahorros de meses, o donde llevaban de punto fijo a extranjeros y visitantes, eran siempre franceses, españoles, italianos. La cocina local, peruana o chilena, se comía solo entre las cuatro paredes de la casa, en el espacio doméstico, sin engalanamiento, sin orgullo tampoco. Los discursos y acciones de Acurio fueron, ciertamente, una luz de esperanza para redignificar esos platos con los que madres y abuelas nutrieron y criaron a generaciones de latinos del siglo xx, alzando una efectiva resistencia a la globalización culinaria iniciada por la industria.

Poco queda hoy de ese vehemente ímpetu reivindicador. Y quizás, para mejor. En una entrevista que le hicimos a Gastón en el año 2011, cubriendo su presencia —y la de una enorme delegación de cocineros peruanos— en el gran congreso de vanguardias gastronómicas, Madrid Fusión, obtuvimos una singular declaración que quisiéramos reproducir. Llamó poderosamente nuestra atención el nuevo énfasis que ponía en la expansión peruana, exactamente en el contexto donde se decidían las vanguardias, los cocineros y los restaurantes que habrían de dominar el mundo gastronómico en los próximos años. Fue el exacto evento en que el destacado cocinero Ferran Adrià anunciaba el cierre inesperado de su famoso restaurante El Bulli —el cual cambió el modo de entender la cocina para siempre—. En resumen, Acurio sabía que todas las miradas estaban puestas en ese momento sobre él, sobre Perú, sobre su discurso de exaltación nacional, tanto así que nos atrevimos a calificar su intervención en el congreso como una «retrocolonización» latina. La pregunta que le hicimos en dicha entrevista fue la siguiente: «¿Gastón, cuándo sentirás que has cumplido tu misión como cocinero que lleva tan en alto el nombre de Perú?». Y su respuesta fue:

Cuando vayas a Copenhague y en la plaza principal encuentres una cevichería, al lado de Giorgio Armani. Cuando suceda en todo el mundo lo que sucede en Chile, que vas a los mercados y encuentras productos peruanos, que los restaurantes mejor considerados por el público, a los que acude masivamente y por los que está dispuesto a pagar incluso más que por un francés o un italiano, sean peruanos. Ese día lo habremos logrado.[57]

Acurio señala de manera enfática: cuando pase en todo el mundo lo que pasa en Chile. ¿Qué pasa en Chile? Exactamente lo que dice Gastón: los restaurantes peruanos están en cada cuadra de cada ciudad y son altamente apetecidos, los productos de su cocina son hoy ya parte de nuestra vida doméstica. ¿Pero cómo sucedió esto? Y más importante, ¿es posible realmente que se replique en Copenhague? Jamás podríamos poner en duda que la cocina peruana es altamente sofisticada y sabrosa para cualquier paladar. Pero lo más importante a destacar es que si esto pasa en Chile se debe, en buena medida, a la enorme masa de migrantes peruanos que ha cruzado la frontera desde hace ya varias décadas. Es decir, el «fenómeno Chile» solo es posible por la migración, y por una migración fronteriza de alta densidad. Pues, en efecto, en el extremo norte de Chile y en el extremo sur de Perú se comparte casi por completo una misma cocina. Difícilmente estas cuotas de migración podrían darse, al menos no en un futuro próximo calculable, en Dinamarca. También hay que destacar la resolución de sus palabras, pues dice sin titubear, «ese día lo habremos logrado», lo que denota que Acurio nunca llevó a cabo su titánica tarea nacional sin un plan bien diseñado. ¿Es que acaso estamos dándole más

---

57 V. Campos, «El restaurante es una prisión. Entrevista con Gastón Acurio», *Revista Mosto* 1, 2011, p. 83.

importancia al asunto de la que realmente tiene y decir que hay nacionalismo en el discurso de Acurio es exagerado?

Vayamos a otra fuente. En 2014 el cronista y crítico gastronómico español de fama mundial, Ignacio Medina, publicó un libro que no pasó en absoluto desapercibido en tierras peruanas. Su polémico título, *Mamá, yo no quiero ser Gastón*, no dejó a nadie indiferente, y puede que incluso haya sido determinante en el cambio de actitud pública que Acurio ha tenido desde entonces. Con más de una década radicado en Lima, Medina logra dar con el meollo del asunto que aquí nos interesa. Su descripción de Acurio es tan precisa como aguda, y sustenta también nuestros propios análisis:

> Gastón ha sido el detonante del repentino estallido de la cocina peruana. Con él todo cambió. Donde antes se miraba a Francia y otras cocinas extrañas hoy se adoptan las formas del recetario tradicional peruano. De la visión acomplejada al orgullo de un país por su cocina solo ha habido un paso, concretado sobre todo alrededor de un programa de televisión que ha marcado una época: *Aventura Culinaria*. Ahí estuvo el principio del cambio —también para la perspectiva culinaria del cocinero limeño— y en él se pueden encontrar las claves de su éxito: *la peruanización absoluta de su oferta culinaria,* la transformación de Astrid & Gastón en el restaurante de *bandera del país*, el lanzamiento de conceptos tradicionales como la Mar o Panchita, la implantación de los sabores del Perú en las demás cocinas de Latinoamérica.[58]

Su descripción calza con lo que ya hemos retratado. Y su título narra una genuina realidad del Perú de hace diez años. Es necesario decir que la llegada de Medina a Lima fue un acontecimiento

---

58 I. Medina, *Mamá, yo no quiero ser Gastón*, Lima, Planeta, 2014, pp. 12-13. Cursivas nuestras.

para el mundo gastronómico, e inmediatamente fue cotizado por los medios peruanos y contratado para dar clases en el instituto Pachacutec, así como también en otras escuelas de gastronomía. En esas experiencias, Medina narra algo sorprendente para el mundo de la cocina: cuando preguntaba a los estudiantes por qué querían ser cocineros, las respuestas simplemente no cabían en la cabeza de un europeo del siglo XXI:

> Hasta hace unos meses, todos los encuentros empezaban igual. Quieren ser cocineros para tener siete, ocho o doce restaurantes; para hacer más grande el prestigio del Perú; para pasear la bandera patria por el mundo; para abrir comedores en Europa y Norteamérica, o para tener su propio programa en televisión. Algunos se proponen conseguirlo todo al tiempo. Quieren ser como Gastón Acurio.[59]

El título del libro tiene que ver con quizás la única excepción que presenció en su tiempo como profesor: un día, un niño algo solitario, le dijo «yo no quiero ser Gastón, a mí me gusta cocinar». Impensado en el contexto peruano, pero del todo razonable para la profesión, Medina imaginaba lo que la familia de ese niño habría dicho ante semejante declaración. Pues estudiar gastronomía ya no era una cuestión vocacional: es cierto que las familias también presionaban a sus niños, sobre todo las menos pudientes, para que fueran cocineros profesionales, pues el discurso mesiánico de superación de la pobreza persuadió sin limitaciones. Impensadamente, que sus hijos fuesen a una escuela de gastronomía, sobre todo una como Pachacutec, de la que Gastón es padre fundador, era para muchas madres peruanas literalmente como estudiar derecho, medicina, ingeniería. Sin embargo, la realidad decía algo diferen-

---

59 *Ibid.*

te: hasta hoy, el trabajo de un cocinero estándar sigue siendo pagado con el sueldo mínimo, además de implicar extenuantes jornadas laborales, en las que las relaciones son extremadamente jerárquicas —el chef es literalmente el soberano— y los tratos no siempre cordiales. El nacionalismo semiencubierto del discurso gastronómico de Acurio generó además crisis en las instituciones educativas: las carreras de gastronomía se abrieron por montones, sin poder prometer, no obstante, una empleabilidad segura para sus egresados. Generaciones de cocineros profesionales que se soñaban llevando la bandera peruana por el mundo hoy viven apenas por encima de la línea de la pobreza o ya han cambiado de rubro. La *peruanización* de la cocina tuvo consecuencias económicas que están todavía muy lejos de llevar a Perú al sitial de las naciones del primer mundo.

Pero igualmente serias son las consecuencias culturales de dicha peruanización. En efecto, para «conquistar» el mundo con los sabores del Perú, no es posible hacer exportables toda la variedad de platos y productos de su tradición culinaria. Como siempre y en todo lugar, Perú comenzó a ver que sus comidas típicas y más conocidas se reducían considerablemente respecto de su proliferación interna: ceviche, ají de gallina, causa limeña, lomo saltado, se convirtieron en platos emblema, con el consiguiente problema cultural que eso inevitablemente acarrea: la invisibilización de la diversidad de territorios, saberes y sabores que componen la compleja cocina peruana. Decimos que es un problema general, pues la exaltación de preparaciones típicas, forzadas especialmente por el turismo y el ímpetu de internacionalización, siempre tiene la misma consecuencia, en todos lados. Finalmente, se reconoce a una cultura por tres o cuatro preparaciones, y se cree, sin embargo, que dichas preparaciones se encontrarán en todos los rincones del territorio. Normalmente, dichos platos suelen ser además

3. Comensalidad y comunidad

representativos de las zonas centrales del país, y poco dicen de los extremos o las periferias. Pero los platos nacionales, como nuestra cazuela chilena, por ejemplo, no son nunca «universales» —como lo quería, sin embargo, Sonia Montecino—. Más profundamente sucede que, en primer lugar, ni siquiera se puede decir que sean «nacionales». Porque, en efecto, la cocina no solo no conoce fronteras geopolíticas, sino que además las desarma.

Para concluir, un caso emblemático más: la cocina italiana. En el discurso de Acurio se reiteraba también que la cocina peruana sería algún día como la china o la italiana. Es decir, conocida y comida en todo el mundo. ¿Pero qué queda realmente de Italia en una pizza hecha en Nueva York? Incluso, antes que eso, ¿es que acaso la pizza es realmente *italiana*? Al igual que la cazuela chilena, una preparación como la pizza se ha entendido como un universal del territorio italiano, pero lo cierto es que cualquier persona que haya nacido o vivido en Italia no estaría de acuerdo. Y no porque la pizza tenga en realidad otro origen nacional, sino porque la cocina que se prepara en el territorio del Estado nación italiano nunca se ha reconocido a sí misma bajo esa determinación. Dicho en otras palabras, la cocina italiana *no existe* y, sobre todo, no existe *para* los italianos. Si existe, es solo para quienes, fuera de Italia y no siendo italianos, se dejan convencer por las consignas de restaurantes que llevan esa etiqueta. Si se tiene un vecino napolitano, por ejemplo, se pensará que prepara comida italiana, pero lo cierto es que se trata de cocina napolitana, no italiana. Surge aquí el otro elemento que enfatizábamos antes: dicho renombre de la cocina italiana en el mundo no es efecto más que de las continuas, sucesivas y muchas veces poco deseadas migraciones de sus habitantes, desde hace ya muchos siglos. La «explosión» de una cocina en el mundo, la «colonización» forzada de sabores, no solo no es realista, sino que, si llega a ser posible, se torna eminentemente violenta. Si los italianos hubiesen tenido entre sus planes político-económicos que su cocina fuese en el mundo como la cocina peruana en el Chile de hoy, habría sido el proyecto de más largo aliento de la historia.

En Italia, como en realidad en cualquier Estado nación, incluso en aquellos donde la cocina no es el centro de la vida cultural —como la cocina alemana o inglesa para Nietzsche—, solo hay cocinas locales y territoriales: «cada comunidad posee su insignia comestible, un plato o un producto llevado a la perfección en ese lugar: el bistec florentino, el arroz milanés, la achicoria trevisana *(radicchio)*, la ensalada caprese».[60] Probablemente, ya se advierta que esta consigna puede caer en el mismo error hermenéutico: achicar las fronteras del Estado a la región, por ejemplo. Sin embargo, lo que enfatiza esta afirmación es que la cocina realmente no tiene fronteras. Y si bien el territorio es determinante, las tecnologías humanas han sabido incluso modificar dicha limitación, y volvemos aquí a recordar el ejemplo de la colonización: el más explícito en la historia en que productos endémicos de un territorio llegan a ser fundacionales para otras prácticas culturales. Del mismo modo, las migraciones han sido la base de la riqueza cultural de todas las cocinas, y no debería sorprendernos en absoluto si a veces un niño prefiere el *sushi* al plato nacional «emblema». ¿Pues acaso el *sushi* no es solo muy sabroso, sino además de una riqueza cultural que vale la pena aprender y valorar, aunque no sea *nuestro*? ¿No es posible, quizás, pensar que ya existe un *sushi chileno* —el «suchi»— en la medida en que ha llegado a incorporarse y transformarse por nuestros gustos, productos y tradiciones? Apropiación cultural, dirán algunos. Pero la verdad es

---

60 E. Kostioukovitch, *Por qué a los italianos les gusta hablar de comida. Un itinerario a través de la historia, la cultura y las costumbres*, Barcelona, Tusquets, 2009, pp. 18-19.

esta: *la cocina es, probablemente, el fenómeno más genuinamente transfronterizo de toda la historia y existencia humana.* Es tiempo de apreciarla y quererla como tal. Acaso si logramos hacerlo, los grandes problemas que nos genera pensar lo común se disipen y den paso a nuevas formas de organizarnos y vivir juntos.

ABRAHAM, N. y TÖRÖK, M., *L'écorce et le noyau*, París, Flammarion, 1999.

AGUSTÍN DE HIPONA, *Las Confesiones, Vol. II*, Madrid, BAC, 1979.

ANDERSON, B., *Comunidades imaginadas. Reflexiones sobre el origen y la difusión del nacionalismo*, México, FCE, 1993.

ANDRADE, O., *Manifiesto Antropófago*, en *Obra escogida*, Caracas, Biblioteca Ayacucho, 1981.

APICIO, M.G., *Cocina Romana*, Madrid, Editorial Coloquio, 1987.

ARENDT, H., *La condición humana*, Buenos Aires, Paidós, 2009.

ARIÈS, P., *Une histoire politique de l'alimentation. Du paléolithique à nos jours*, París, Max Milo, 2016.

ARISTÓTELES, *Acerca del Alma*, Madrid, Gredos, 1985.

—, *Ética Eudemia*, Madrid, Gredos, 1985.

—, *Ética Nicomáquea*, Madrid, Gredos, 1985.

—, *Retórica*, Madrid, Gredos, 1999.

AURENQUE, D., *Animales enfermos. La filosofía como terapéutica*, Santiago de Chile, FCE, 2021.

BARTHES, R., *El susurro del lenguaje. Más allá de la palabra y la escritura*, Buenos Aires, Paidós, 2013.

BIANCHI, E., *La naturaleza en disputa. Physis y eros en el pensamiento antiguo*, Valparaíso, Hueders-Instituto de Filosofía PUCV, 2022.

BIRMINGHAM, F., *The Complete Cookbook for Men*, Nueva York, Harper, 1961.

BRILLAT-SAVARIN, J.A., *Fisiología del gusto,* Barcelona, Optima, 2001.

BURKE, E., *Indagación filosófica sobre el origen de las ideas acerca de lo sublime y de lo bello,* Madrid, Alianza, 2014.

CAMPOS, V., «Alimentación ontológica e incorporación ética en Lévinas», *Daimon. Revista Internacional de Filosofía* 83, 2021, pp. 139-152.

—, *Comenzar con el terror. Ensayos sobre filosofía y violencia,* Buenos Aires, Prometeo, 2020.

—, «Comer al otro. Retóricas de la alimentación. Una lectura del seminario inédito *Manger l'autre* de Jacques Derrida (1989-1990)», *TRANS/FORM/AÇAO* 43, 2020.

—, «De cenas y tumbas. Algunas configuraciones retórico-especulativas del Derrida de los 70's», *Revista de Filosofía Aurora* 33 (60), 2021.

—, *Dialectofagia y ¿Analogía en Hegel? Una lectura desde Jacques Derrida,* Conferencias para la Sociedad Iberoamericana de Estudios Hegelianos, 2020.

—, «El restaurante es una prisión. Entrevista con Gastón Acurio», *Revista Mosto* 1, 2011.

—, «Génesis de la noción de trabajo de duelo en *Glas* de Jacques Derrida», *Anales del Seminario de Historia de la filosofía* 40 (1), 2023.

—, «Retóricas de la cocina. La culinaria del discurso de Platón a Lévi-Strauss», *Revista CUHSO* 30 (2), 2020.

—, *«Somos lo que comemos. Hacia una ontología del comer»,* Blog de Ediciones Mimesis, 5 de septiembre de 2019, https://ediciones-mimesis.cl

CHAPARRO AMAYA, A., *Pensar Caníbal. Una perspectiva amerindia de la guerra, lo sagrado y la colonialidad,* Buenos Aires, Katz, 2013.

DE ROKHA , P., *Nueva Antología de Pablo de Rokha,* Santiago de Chile, Sinfronteras, 1987.

DELEUZE, G., *Nietzsche y la filosofía,* Barcelona, Anagrama, 2016.

DERRIDA, J., *De la grammatologie,* París, Minuit, 1967.

—, *El problema de la génesis en la filosofía de Husserl,* Salamanca, Sígueme, 2015.

—, *Fors,* París, Flammarion, 1976.

—, *Glas,* París, Galilée, 1974.

—, *La diseminación,* Madrid, Fundamentos, 2001.

—, *Manger l'autre. Politiques de l'amitié (1989-1990),* Seminario inédito archivado en la Derrida Collection/Critical Theory Collection/Special Collections and Archives/UCI Library, California, Box 20.

—, *Marges de la philosophie,* París, Minuit, 1972.

—, *La bestia y el soberano, Volumen I (2001-2002),* Buenos Aires, Manantial, 2014.

DESCARTES, R., *Meditaciones metafísicas con objeciones y respuestas,* Madrid, Alfaguara, 1977.

DUQUE, F., *La comida del espíritu en la era tecnológica,* Madrid, Abada, 2015.

ECHEVERRÍA, R., *Mi Nietzsche. La filosofía del devenir y el emprendimiento,* Santiago de Chile, Comunicaciones Noreste, 1985.

EPICURO, «Carta a Meneceo», ONOMAZEIN 4, 1999.

EYZAGUIRRE LYON, H., *Sabor y saber de la cocina chilena,* Santiago de Chile, Andrés Bello, 1987.

FISCHLER, C., *El (h)omnívoro. La cocina, el gusto y el cuerpo,* Barcelona, Anagrama, 1995.

FOUCAULT, M., *Historia de la sexualidad 2. El uso de los placeres,* Buenos Aires, Siglo XXI, 2019.

—, *La arqueología del saber,* Buenos Aires, Siglo XXI, 2002.

—, *La hermenéutica del sujeto. Curso en el Collège de France (1981-1982),* Madrid, FCE, 2004.

—, «Las redes del poder», *Farenheit 450* 1, 1986.

FREDERICK, G., *Cooking as Men Like it,* Nueva York, Business Bourse, 1939.

FREUD, S., *Duelo y melancolía,* en *Obras Completas XIV,* Buenos Aires, Amorrortu, 1993.

—, *Totem y Tabú,* en *Obras completas vol. XVIII,* Buenos Aires, Amorrortu, 1991.

HARRIS, M., *Bueno para comer. Enigmas de alimentación y cultura*, Madrid, Alianza, 1999.

—, *Caníbales y reyes. Los orígenes de la cultura*, Madrid, Alianza, 1987.

HEGEL, G.W.F., *Escritos de Juventud*, México, FCE, 1978.

—, *El joven Hegel. Ensayos y esbozos*, Madrid, FCE, 2014.

—, *Fenomenología del Espíritu*, Madrid, Abada, 2010.

—, *Principios de la Filosofía del Derecho*, Buenos Aires, Sudamericana, 2004.

HEIDEGGER, M., *Kant y el problema de la metafísica*, México, FCE, 1986.

HUME, D., *An Inquiry Concerning the Principles of Morals*, Indianápolis, Hacket, 1983.

—, *Of the Standard of Taste*, Indianápolis, Bobbs-Merrill, 1965.

JUAN PABLO II, *Ecclesia Eucharistia*, Ciudad del Vaticano, Libreria Editrice Vaticana, 2003.

KANT, I., *Antropología en sentido pragmático*, México, FCE, 2014.

—, *Crítica de la razón práctica*, México, FCE, 2011.

KLEIN, M., *El psicoanálisis de niños*, en *Obras Completas II*, México, Paidós, 2008.

KOERING, J., *Les iconophages. Une histoire des images que l'on mange*, París, Actes Sud, 2021.

KORSMEYER, C., *Making Sense of Taste. Food and Philosophy*, Ithaca, Cornell University Press, 1999.

KOSTIOUKOVITCH, E., *Por qué a los italianos les gusta hablar de comida. Un itinerario a través de la historia, la cultura y las costumbres*, Barcelona, Tusquets, 2009.

LÉVINAS, E., *Totalidad e infinito, ensayos sobre la exterioridad*, Salamanca, Sígueme, 2002.

LÉVI-STRAUSS, C., *El pensamiento salvaje*, Colombia, FCE, 1997.

—, *Mitológicas I, Lo crudo y lo cocido*, México, FCE, 2013.

—, *Mitológicas III, El origen de las maneras de mesa*, México, FCE, 2003.

MEDINA, I., *Mamá, yo no quiero ser Gastón*, Lima, Planeta, 2014.

MONTAIGLON, A., *Recueil de poésies françaises des XVe et XVIe siècles, morales, facétieuses et historiques*, París, P. Jeannet, 1858.

MONTECINO, S., *La olla deleitosa. Cocinas mestizas de Chile*, Santiago de Chile, Catalonia, 2005.

—, «Piedras, mitos y comidas, antiguos sonidos de la cocina chilena: la calapurca y el curanto», *ATENEA* 487, 2003.

—, *Cocinas, alimentos y símbolos. Estado del arte del patrimonio culinario en Chile*, Santiago de Chile, Consejo Nacional de la Cultura y de las Artes, 2017.

NIETZSCHE, F., *Obras completas III*, Madrid, Taurus, 2017.

—, *Obras completas II*, Madrid, Taurus, 2018.

—, *Obras completas IV*, Madrid, Taurus, 2018.

PEREIRA SALAS, E., *Apuntes para la historia de la cocina chilena*, Santiago de Chile, Editorial Universitaria, 1977.

PLATÓN, *Diálogos II*, Madrid, Gredos, 1987.

—, *Diálogos III*, Madrid, Gredos, 1988.

—, *Diálogos IV*, Madrid, Gredos, 1988.

—, *Diálogos V*, Madrid, Gredos, 1988.

—, *Diálogos VI*, Madrid, Gredos, 1992.

—, *Obras completas Tomo I*, Madrid, ed. de Patricio de Azcárate, 1871.

POLLAND, M., *In Defense of Food*, Nueva York, Penguin, 2008.

ROBINSON, B.E., BACON, J.G. y O'RAILLY, J., «Fat Phobia: measuring, understanding, and changing anti-fat attitudes», *International Journal of Eating Disorders*, 14 (4), 1993.

ROUSSEAU, J.J., *Julia o la nueva Eloísa*, Madrid, Akal, 2007.

—, *Emilio, o de la educación*, Madrid, Alianza, 1990.

SAUSSURE, F., *Curso de lingüística general*, Buenos Aires, Losada, 1945.

SCHMITT, C., *Teología Política*, Madrid, Trotta, 2009.

SÉNECA, *Consolación a Helvia*, Buenos Aires, El Aleph, 2000.

—, *Epístolas Morales*, Madrid, Luis Navarro Editor, 1884.

SHAY, F., *Best Men are Cooks*, Nueva York, Coward-McCann, 1941.

TOMÁS DE AQUINO, *De veritate*. http://www.corpusthomisticum.org/qdvo2.html

—, *De ente et essentia*, Valparaíso, Ediciones Universitarias de Valparaíso, 2005.

pensar/comer

Viveiros de Castro, E., *Metafísicas caníbales,* Buenos Aires, Katz, 2010.
—, «O mármore e a murta : sobre a inconstância da alma selvagem», en *A inconstância da alma selvagem e outros ensaios de antropologia,* San Pablo, Cosac y Naify, 2002.